Alineación

El Proceso de Transmutación en los
Mecanismos de la Vida

Dan Desmarques

22 Lions

Alineación: El Proceso de Transmutación en los Mecanismos de la Vida

Escrito por Dan Desmarques

Índice

Introducción

¿ Buscas una comprensión más profunda de tu identidad y propósito espirituales? Este libro transformador te invita a explorar el profundo proceso de la alineación, que es la transformación que tiene lugar en la propia mecánica de nuestra existencia.

Alineación: El Proceso de Transmutación en los Mecanismos de la Vida examina la intrincada interacción entre la conciencia, el ego y el yo superior. Desafía las narrativas convencionales que a menudo nos mantienen atrapados en ciclos de sufrimiento y estancamiento. A través de una síntesis magistral de sabiduría espiritual, conocimientos científicos y orientación práctica, este libro ilumina el camino hacia un mayor autoconocimiento, comprensión y realización de nuestro verdadero potencial.

Al ahondar en la naturaleza del alma, la mente y el espíritu, el libro revela la dinámica oculta que subyace a nuestras experiencias y relaciones. Ofrece una perspectiva convincente sobre el papel de la religión, la psicología y el crecimiento personal, y anima a los lectores a trascender las limitaciones del dogma y adoptar una comprensión más holística y empoderadora de la condición humana.

Tanto si busca respuestas a las preguntas más profundas de la vida como si lucha por liberarse de creencias limitadoras o anhela una existencia más significativa y plena, esta exploración en profundidad del proceso de alineación le servirá de guía transformadora. Prepárese para embarcarse en un viaje de autodescubrimiento, evolución espiritual y liberación de su máximo potencial.

Capítulo 1: La ilusión de elegir

L a dirección en la que nos dirigimos, quién eres como persona, lo que aconseja el sentido común y lo que determina tu mente no tienen por qué coincidir. Necesitamos entender estas dinámicas para tomar las decisiones correctas en la vida, porque en última instancia las leyes del universo solo importan en función de nuestras propias elecciones. Para la persona normal, estas elecciones a menudo no parecen existir. Se forman en los primeros años de vida y siguen manifestándose como secuelas de esas primeras experiencias. Este condicionamiento mental suele estar moldeado por la familia, la escuela, la cultura y otras influencias que se refuerzan a lo largo de la vida, ya que muchos permanecen apegados a ellas.

Las masas no suelen ser más que productos de su cultura y país de nacimiento. Lo demás son circunstancias. Por lo tanto, no tiene mucho sentido hablar de una dirección en la vida cuando esa dirección está condicionada por la identidad, especialmente cuando no comprendemos plenamente quiénes somos, cómo se forma nuestra identidad o por qué es necesario cambiarla. Sin embargo, según diversas leyes espirituales, todos vamos en la misma dirección, con un propósito común. Este propósito se alcanza cuando una persona está en armonía con la verdad. Sin embargo, para estar alineado espiritualmente, es necesario tener conocimiento, discernimiento y experiencia.

No importa dónde hayamos empezado en la vida, qué traumas hayamos sufrido o cuáles hayan sido nuestras reencarnaciones pasadas, porque todos nos dirigimos hacia el mismo destino: la conciencia. Una conciencia más elevada nos acerca a la comprensión de la unidad, a darnos cuenta de que todos somos una familia en el universo, no solo en nuestro planeta. Nuestras acciones, nuestros cuerpos y nuestras experiencias no determinan nuestra identidad espiritual. Esa identidad está determinada exclusivamente por el nivel de conciencia que alcanzamos.

Muchos libros espirituales abordan estas enseñanzas y alaban a quienes se dedican a Dios, una identidad superior a la que atribuimos significados que no podemos procesar en nosotros mismos, que todo lo sabe, todo lo ve y todo lo es. Sin embargo, hasta que no nos demos cuenta de que no es a Dios a quien buscamos, sino a nuestro destino, y redefinamos qué o quién es Dios, tendremos que navegar por muchos estados mentales que a menudo se llaman reencarnaciones, ya que suelen ocurrir entre vidas. Para la mayoría de las personas, el verdadero cambio se produce cuando se ven obligadas a ocupar un nuevo cuerpo y renacer en una nueva cultura. Sin embargo, como muchos son testarudos y tardan en aprender las lecciones necesarias, una reencarnación no siempre es suficiente. Pueden acabar repitiendo las mismas tendencias a lo largo de muchas existencias en diferentes cuerpos.

Cuando la gente me pide que les explique sus renacimientos, suelen esperar una historia reconfortante, no la realidad que les presento: si son alcohólicos en esta vida, puede que lo fueran en una vida pasada; si ahora tienen miedo a viajar, puede que no fueran a ningún sitio en una vida pasada; y si se sienten solos, puede que se deba a que fueron perseguidos y traicionados por aquellos en quienes confiaban en una vida pasada. Estos recuerdos no son agradables, pero forman parte de nuestra historia como civilización. Los habitantes de este planeta eran crueles, bárbaros, primitivos e increíblemente ignorantes. Mientras no veamos el pasado como realmente fue, y no como nos gustaría que hubiera sido, no aprenderemos de la historia.

Muchos estudios psicológicos, como el experimento de Milgram realizado en la Universidad de Yale, demuestran que la mayoría de las personas están dispuestas a hacer daño a otro ser humano si reciben órdenes de una figura de autoridad. Nuestras decisiones en la vida están motivadas principalmente por el deseo de seguridad, sexo y comida: deseos egoístas de la más baja naturaleza. Si esto es cierto en el siglo XXI, ¿cuán diferente crees que era en el siglo XVIII, en el siglo I o mucho antes? Probablemente no era muy diferente, a menos que inventemos escalas más bajas para describir nuestro comportamiento.

Nuestras experiencias eran más duras de llevar debido al menor nivel de organización social, a la tecnología poco desarrollada y a la ausencia de leyes que protegieran a los inocentes de la crueldad. Hoy puedes sentirte deprimido por las calumnias y el acoso, pero no hace tanto tiempo podían colgarte de un árbol simplemente porque a la gente no le gustabas, por tu aspecto o por el color de

3

tu piel. Las víctimas del racismo, el nazismo y otras atrocidades lo saben muy bien. Son actos crueles que la gente cometió contra los demás, a veces hace solo unas décadas, y que a menudo se alaban y justifican como moralmente aceptables. Imagina de lo que eran capaces en el pasado.

Capítulo 2: El camino universal de la conciencia

L a sociedad civilizada tiene una apariencia superficial. Elimina las figuras de autoridad, el miedo al castigo y sus consecuencias, y aún así podrás encontrar gente cometiendo asesinatos basados en percepciones distorsionadas de la realidad. El racismo está muy vivo hoy en día. La diferencia ahora es que los individuos pueden provocar una pelea para justificar la agresión, en lugar de reunir a un grupo para atacar a alguien. Este comportamiento persiste en algunas naciones, como Polonia, Alemania y Ucrania, aunque es menos común que antaño. Calificamos a estos grupos de neonazis para racionalizar la creencia de que la mayoría de la gente no es como ellos. Sin embargo, cuando una persona negra pide ayuda a la policía porque está siendo perseguida por neonazis, la policía de países como Polonia, Lituania y Ucrania puede no hacer nada.

Cuando las instituciones, creadas para proteger a las personas de la injusticia, son ellas mismas injustas, los individuos pueden sentirse justificados para defenderse, incluso para matar. Pero cuando la autodefensa se utiliza en su contra, se convierte en una perversión de la justicia, un fenómeno que vemos hoy en día por razones similares. En muchos tribunales, un hombre negro tiene más probabilidades de ser detenido y condenado por un delito que no ha cometido que un hombre blanco. También tiene más probabilidades de ser detenido en cualquier parte del mundo donde la mayoría de la población sea blanca. Puede que la gente no quiera que la llamen racista, pero sus acciones a menudo dicen lo contrario. Si estoy sentado en una cafetería llena de gente blanca en una ciudad de Estados Unidos, ya sea Nueva York o Florida, y todo el mundo me mira como si no perteneciera, solo hay una razón: el color de mi piel.

Estos ignorantes no se dan cuenta de que un día podrían reencarnarse con la apariencia de alguien a quien actualmente desprecian y experimentar de primera mano las consecuencias de su ignorancia. Por eso se resisten al concepto de reencarnación y a sus posibles efectos negativos. Su mentalidad es egocéntrica y ven la religión como un medio para satisfacer sus deseos personales, más que como una guía para el crecimiento personal. Adaptan las religiones a sus necesidades, llegando incluso a presentar a Jesús como blanco, insistiendo en su blancura y pintándolo como tal.

No hay nada más contradictorio que un racista que se identifica como cristiano, pero esto es habitual, sobre todo en naciones que dicen defender los valores cristianos. Un cristiano puede asistir a una iglesia lituana o polaca el domingo y, el lunes, participar en una marcha contra los refugiados árabes, ignorando el hecho de que Cristo procedía de esa región. Cristo nació en Palestina, y los palestinos son los verdaderos descendientes de los primeros judíos.

Irónicamente, ahora están siendo desplazados por colonizadores europeos y de otros países que ocupan sus tierras y hogares, a menudo por la fuerza.

Hace dos mil años, protestar contra estas injusticias podía acarrear la lapidación o la crucifixión; hoy, puede significar una bala en la cabeza. ¿Dónde están hoy los cristianos? ¿Visitan Tierra Santa y comulgan? Los judíos que escaparon del racismo en Europa ahora lo perpetúan en Israel, creyendo que un judío debe ser blanco y que no se aceptan otras religiones. Esto refleja el pasado, hace dos mil años, cuando Cristo fue asesinado por sus antepasados. Entonces, ¿la verdad es relativa o la gente es ignorante?

La verdadera razón por la que la mayoría de la gente tiene problemas para encontrar la verdad es porque creen que debe venir de alguien que hace milagros. Han interiorizado tantas creencias que solo pueden aceptar información que esté de acuerdo con ellas. Su identidad y su estatus social se basan en esas creencias, lo que les lleva a no ver ninguna verdad más allá de la suya y a temer el cambio. Tras muchos fracasos y años de desorientación, pueden llegar a la conclusión de que la verdad no existe o de que es relativa a la experiencia personal. Sin embargo, la verdad no es relativa, aunque sus manifestaciones puedan variar.

Creo que las revelaciones se dan a muchos, y que aunque algunos perciben más que otros, todos tienen el potencial de ver algo. La naturaleza humana lleva a menudo a las personas a interpretar las enseñanzas de formas que las contradicen. Por ejemplo, las escrituras hindúes critican la adoración de animales y los rituales con fuego, pero estas prácticas persisten. El Corán y la Biblia contienen pasajes que critican el odio a otros grupos religiosos y presentan a Jesús como alguien que acepta a personas de otras religiones. Sin embargo, cuando las personas relativizan la verdad, no pueden reconocerla, ni siquiera cuando se les presenta.

Capítulo 3: Reencarnación y lecciones de vida

Algunos brasileños, influidos por la propaganda política, religiosa y educativa, revelan sus limitaciones mentales al referirse a mí como «ustedes, los europeos», sin darse cuenta ni aceptar que no me identifico con el continente ni con la forma de pensar europea. Durante mi estancia en Asia, siempre estuve rodeado de sudamericanos y asiáticos, no de europeos o norteamericanos, ya que consideraba a estos últimos grupos generalmente más racistas y prejuiciosos. No es casualidad que mis libros sean populares en Sudamérica y Asia, aunque no me dirigía específicamente a un público de estas regiones. Me sentí naturalmente atraído por ellos porque compartimos puntos de vista similares en muchos temas. Si la gente no ve lo obvio es porque sus cerebros filtran mis palabras a través de nociones preconcebidas, el resultado de una fuerte socialización cultural que, en última instancia, impide el pensamiento independiente y permite que los verdaderos engañadores pasen desapercibidos.

En cuanto a mi formación religiosa, he participado en muchos grupos y he aprendido lo suficiente para evaluarlos críticamente. Una idea importante que he adquirido es que pasar toda una vida en un grupo no te convierte en un experto en sus creencias; te conviertes en un experto en dogmas, capaz únicamente de racionalizar tus propias creencias sin cuestionarlas. Para validar tus creencias, tienes que ser capaz de compararlas con las de otras personas, y he descubierto que muy pocas personas consiguen hacerlo. Los que pueden suelen estar en el mundo académico, como yo, y aprenden tanto que acaban siendo rechazados por todos los grupos porque no se dejan influir por falsedades.

La verdad existe a un nivel superior, más allá de la comprensión de muchos, y nos permite ver similitudes y diferencias, reconocer errores y distinguir los hechos del misticismo simbólico. Esto requiere un nivel de discernimiento que la mayoría de la gente no tiene o no quiere tener, aunque haya libros que defiendan estas ideas.

Ya no me culpo tanto como antes, pero puedo decir que las religiones modernas se han alejado mucho de su comprensión original. Hoy en día, a menudo es más fácil aprender de los propios textos religiosos que de sus seguidores, que a menudo distorsionan las enseñanzas. Por ejemplo, los masones y los rosacruces siempre me preguntan cómo puedo saber más que ellos. Suponen que pertenezco a un grupo con más conocimientos secretos, porque tienden a ver la verdad a través de perspectivas limitadas. A pesar de mi honestidad, nada de lo que decía tenía sentido para ellos, así que enviaron gente para espiarme y observar mis acciones y escritos.

El motivo por el que sabía más que ellos, algo que no podían aceptar, era que leía más y más rápido que nadie. Habiendo participado en muchos grupos religiosos y hablado con religiosos de todo el mundo, puedo entender los conceptos con los que tienen dificultades, sobre todo si no han viajado mucho. El gran secreto es leer, hablar y comprender. Mi mayor secreto estaba escondido por su ignorancia, oculto por sus propios egos.

Lo que realmente me desconcertaba era que, en lugar de aprender de mí y corregirse, no dejaban de decirme que tenía un ego fuerte y que necesitaba superarlo para ascender, pero ¿ascender a qué? ¿Al puesto que tenían en sus propias ilusiones? No saben nada. Son arrogantes e ignorantes, pero lo peor es que no son conscientes de su ignorancia y son incapaces de admitirla. Esto es verdadero egocentrismo: la creencia de que la propia opinión es más válida que la voluntad de aprender de alguien que ha estudiado muchas religiones y escrito cientos de libros.

Si estas personas entendieran la ciencia, sabrían que no se puede eliminar el ego; hay que superarlo con el superego, un concepto que probablemente les es desconocido porque no leen más que ficción. Se trata de una ilusión común a todas las religiones, en las que la gente cree que sus afirmaciones son válidas solo porque muchos insensatos dicen lo mismo. Sin embargo, no hay que confundir los grupos antiguos con los actuales. No creo que queden masones o rosacruces actuales. Del mismo modo, en mis escritos no encontrará ninguna religión como tema principal, porque lo que trato trasciende los temas terrenales, los continentes o las culturas. Escribo sobre otros mundos más avanzados, por eso puedo entender cualquier religión. Los demás no pueden hacer lo que yo, así que suponen que pertenezco a un grupo que nunca han conocido, aunque se niegan a aprender de mí.

Capítulo 4:
El condicionamiento cultural y sus efectos

La gente suele ver el mundo basándose en suposiciones egocéntricas, lo que les impide comprender mis conocimientos. Lo que sé trasciende las realidades y conceptualizaciones terrenales, lo que dificulta que la mayoría lo entienda o lo acepte. Muchos suponen que mis escritos son meras opiniones personales o reflejos de mi identidad. Todos intentan definirme desde su perspectiva, lo que lleva a conclusiones absurdas. Sin embargo, la verdad no es algo que se posea o se cree, sino algo que se ve y se aplica. Nadie posee la verdad, pero todo el mundo tiene el potencial de comprenderla.

Al contrario de lo que sugieren muchas religiones, filosofías o gurús, puedes utilizar mis conocimientos para comprender diversos campos, como la religión y la ciencia. Mis conocimientos también son aplicables a la educación y a los negocios. Muchos han alcanzado el éxito aplicando estos principios, y mis alumnos han destacado utilizando estos conocimientos para aprender de forma más eficaz. Al explorar mis escritos, verá que son extensos, tanto que algunos me han acusado de plagio. Pero ¿de dónde podría robar?

Reto a quienes me insultan a que prueben sus acusaciones. Nunca lo han hecho porque ningún libro de este planeta contiene lo que yo enseño. Aunque muchos copian mis ideas, no pueden explicarlas como yo, porque no entienden cómo y por qué funcionan. Nunca deja de sorprenderme que la gente admire a quienes plagian mi trabajo y, al mismo tiempo, me llamen mentiroso y ladrón. Es realmente increíble lo perdida que está la gente.

La pregunta «¿Por qué yo?» es difícil de responder. Si intentas entenderme basándote en mi lugar de nacimiento, mi procedencia, mi aspecto, el color de mi piel o mis hábitos de lectura, no lo conseguirás. Esta es la forma más habitual de intentar conocerme. Una forma de responder a esta pregunta tiene que ver con la reencarnación, tanto en este reino como en otros. Otra tiene que ver con los niveles morales.

Quienes comprenden estas cuestiones tienen una visión de mi verdadera identidad. Además, la evolución espiritual es un tema delicado para muchas personas y es posible medir el nivel espiritual de alguien. El sistema de chakras es un ejemplo. Los seres altamente espirituales tienden a ser creativos y a pensar de forma diferente, centrándose en las emociones y adoptando una perspectiva global. Perciben más que la mayoría, porque sienten profundamente tanto lo bueno como lo malo en sus chakras superiores. Un ser espiritual también se enfrenta a problemas y preocupaciones, pero de distinta naturaleza.

No es posible ser más espiritual y no enfrentarse a retos. En los niveles espirituales superiores nos encontramos con problemas que los demás no entienden o no quieren entender, como, por ejemplo, cómo los demonios se infiltran en los cuerpos de la gente ignorante y los utilizan para hacerte daño. Si compartes esto con otras personas, incluidos los sacerdotes, pueden pensar que te lo estás imaginando. Lo más interesante es que, si se lo enseñas, puede que nieguen lo que están viendo y te eviten. Conozco a alguien que, en cierta ocasión, llamó a un sacerdote por miedo a una posesión demoníaca y este nunca le devolvió las llamadas.

La gente suele preguntar: «Si hay una verdad, ¿por qué todas las religiones la expresan de formas distintas?». Antes de responder, debemos reconocer que, en este mundo de locos, Dios no es cristiano. No hay pruebas de que se haya declarado cristiano. Los cristianos son cristianos. Además, si Dios tuviera que elegir a su pueblo, no tendría sentido que eligiera a individuos arrogantes, embusteros, hipócritas, racistas o cínicos. Así que, entre un cristiano racista, un hindú dogmático y un musulmán desinteresado, honesto, amable y trabajador, creo que Dios elegiría al musulmán. Lo mismo se aplica si estas cualidades las reúne un budista, un hindú, etc.

Las religiones ofrecen caminos, pero los dogmas no llevan a ninguna parte. Por eso Dios sigue inspirando nuevas religiones para corregir los errores de las antiguas y las perversiones de la humanidad. Las religiones son interpretaciones del mensaje de Dios, así que es lógico que evolucionen y que algunas desaparezcan con el tiempo. A nivel de conciencia más elevado, uno se da cuenta de que el paganismo, el gnosticismo, el cristianismo, el islamismo, el hinduismo y el budismo son esencialmente la misma religión. No hay diferencia en su origen ni en lo que intentan explicar.

Capítulo 5: La búsqueda de la claridad espiritual

C uando un gurú adquiere conocimientos de otras religiones, está repitiendo las mismas cosas con sus propias palabras. El verdadero problema se da cuando una persona es tan estúpida o mala que no puede copiar correctamente y explicar adecuadamente. Entonces sus seguidores se extravían y se alejan de la verdad. Este es el problema de muchos líderes espirituales modernos, porque alejan a la gente de la verdad con hermosas teorías que no tienen ninguna aplicación práctica. Estas personas podrían seguir la ciencia, acercándose un poco más a la verdad, o incluso el arte o vivir cerca de la naturaleza, pero por razones que no puedo explicar aquí, optan por la locura en busca de respuestas. Algunas tonterías son tan básicas que hay que carecer de sentido común para creerlas, como cuando alguien dice que hay que ignorar el ego.

Basándome en mi propia experiencia vital y en lo que sé de psicología, no puedo decirle a un niño: «¡No eres estúpido, solo tienes un problema de ego! Elimina el ego, permanece en el momento presente y todo irá bien». Eso no resolverá sus problemas. Seguirá suspendiendo los exámenes. Es una idea estúpida. Sin embargo, a la gente le encanta esta idea y no la cuestiona. La verdad es que la única manera de ayudar a un niño a enfrentarse a su ego y aceptarlo es dejar que hable de lo que ve y piensa.

Con los adultos, la situación es muy diferente, ya que tienden a ser más toscos y egoístas. Sin embargo, no puedes ignorar su ego ni hacer que lo ignoren ayudándoles. Los adultos son más complicados porque son testarudos, pero esta testarudez es una manifestación de la falta de autoconciencia, no una necesidad de ignorarla. Esta necesidad de mayor conciencia está relacionada con la Era de Acuario, que ha comenzado recientemente en la Tierra. Sin embargo, las revelaciones solo pueden llegar a través de aquellos que dicen la verdad y de sus libros. Por lo tanto, si no se leen los libros y se ignora a las personas, la Era de Acuario no traerá más que más sufrimiento a la gente, ya que marca el final de otra era: Piscis. Básicamente, los secretos del pasado ahora están al alcance de quienes los desean, por lo que ya no hay secretos, salvo por la falta de interés personal en conocerlos. Sin embargo, algunas personas no ven nada en los libros que describen la verdad, mientras que otras ven todo.

Muchas personas también se obsesionan con ideas falsas que se promueven y luego no pueden pensar por sí mismas. Asimilan estas ideas y viven con ellas, y luego se obsesionan tanto con sus propios dogmas que piensan que estoy equivocado y no ven que siguen buscando las mismas respuestas en el marco de sus creencias. Si no ves bien con las gafas que tienes, no digas que la realidad está distorsionada, sino que necesitas unas gafas mejores. Si las gafas que compró no son lo bastante buenas, no culpe a la persona que le vendió unas gafas mejores, sino a la que le vendió unas equivocadas. Así que podemos decir que existe una previsibilidad en la mecánica social de las elecciones y creencias de la gente.

La información que la gente encuentra en los libros y quiénes son son la misma cosa. Te vuelves capaz de ver cuando lo que ves se corresponde con lo que eres capaz de comprender. Cuando eso ocurre, te conviertes en lo que asimilas. Y no es posible aprender y desaprender, a menos que estemos hablando de algo en el terreno de la hipótesis, la opinión o la suposición filosófica. Cuando eres capaz de ver algo nuevo, no puedes dejar de verlo, y eso es lo que entendemos por percepción y consciencia, porque es la capacidad de ver más. La realidad y tú no estáis separados, así que al adquirir más realidad, es decir, al aprender más sobre lo que tienes delante, te vuelves más real, manifestándote a través de tu identidad espiritual. Una no existe sin la otra.

A medida que tu conciencia se expande, puedes ver el valor que hay detrás de las palabras que oyes o lees, porque ya tienes dentro de ti el potencial de observar los flujos de energía; de lo contrario, las palabras no tendrían ningún significado para ti. Sin embargo, uno de los problemas del sistema educativo es que obliga a los estudiantes a asimilar significados que ni siquiera pueden ver en el mundo, porque no son lo suficientemente maduros o experimentados para asimilar estos nuevos símbolos, patrones o incluso verdades. Los efectos de una falsa educación acaban siendo exactamente los contrarios de lo que propone. Con el tiempo, la mayoría de las personas se desconectan de lo que deberían estar haciendo constantemente para mejorar sus resultados en la vida, porque no les interesa el conocimiento, los libros ni el aprendizaje. Por eso la mayoría de la gente es tan predecible.

La evolución, que debería ser una actividad agradable y emocionante, se convierte en una experiencia dolorosa para muchos y las cosas que deberían ser menos importantes, como las fiestas, se convierten en las más importantes. La mayoría de la gente tiene tanto miedo a la existencia que solo quiere divertirse, emborracharse y permanecer inconsciente y distraída el mayor tiempo posible. Esta no es una forma mejor de vivir, sino solo una forma de perder más tiempo de su precioso tiempo en la vida, porque no pueden enfrentarse al significado de las cosas que están más allá de lo real. Es una forma de renunciar a uno mismo y de expresar una falta de autoestima, aunque oculta tras capas de validación social.

Capítulo 6:
La naturaleza del comportamiento humano

La gente está tan alejada de la verdad que no siente compasión por sí misma. Sus vidas giran en torno a una competición constante por el placer y la aprobación, en lugar de buscar un significado más profundo. Esto se hace evidente en sus elecciones, que a menudo son egoístas, superficiales y basadas en las apariencias o en las opiniones de los demás o, a veces, en nada en absoluto: ningún libro, ningún cambio, ningún desafío, solo las opiniones de sus cabezas, que valoran tanto como todo el conocimiento del mundo. Esta pereza cognitiva se refleja en su obsesión por las soluciones rápidas. Todo el mundo persigue el dinero, que requiere poco esfuerzo, y las relaciones, que no requieren mantenimiento. Quienes adquieren estas cosas se consideran afortunados, fuente de envidia o incluso de odio.

Cuando todo lo demás falla, la gente recurre a la psicología en busca de respuestas o a libros y revistas de autoayuda llenos de opiniones que reflejan sus propios egos. Estos recursos solo ofrecen soluciones a corto plazo, pero como la gente se centra en el presente, ignora las consecuencias a largo plazo. De hecho, la madurez de una persona puede medirse por el nivel de disciplina que mantiene. Por ejemplo, el principal objetivo de una persona inmadura puede ser levantarse temprano y ganar suficiente dinero para comer en un restaurante de calidad. Por el contrario, una persona madura soporta largos periodos de soledad y persigue metas que puede tardar años en alcanzar.

Debido a su naturaleza egoísta, las personas se sienten atraídas por lo que pueden utilizar contra los demás, a menudo lo único que leen en toda su vida. Los individuos más malévolos disfrutan con el arte de dañar y traicionar a los demás sin consecuencias, porque ven el mundo como un lugar de miedo constante a la pérdida. Ven el mundo a través de estándares físicos limitados. Sigue siendo un misterio para mí cómo triunfan estos malvados, pero suelen hacerlo porque el resto de la humanidad tiende a ser simplista, ingenua o egoísta. Se aprovechan de esta falta de interés por los demás.

Por ejemplo, conocí a alguien que era extremadamente manipuladora. Estaba obsesionada con el control mental y destacaba por engañar a todos los que la rodeaban. Su personalidad me parecía fascinante, porque la gente como ella me hacía ver la humanidad de otra manera. Yo estaba confundida, y nuestras discusiones sobre el comportamiento humano nos acercaron, aunque interpretáramos las mismas cosas de maneras diferentes. Lo que más me fascinaba era lo acertada que era sobre todo el mundo, aunque sus conclusiones a menudo me parecieran absurdas. Comprendía que todo el mundo está motivado por el sexo y el dinero y que hará lo que sea para conseguir ambos.

Puedes evitar a estas personas, pero lo cierto es que no puedes medir a los demás con las mismas herramientas que utilizas para ti mismo. Si no te mueven motivos egoístas, no ves la sociedad como un juego o una competición y no estás dispuesto a manchar la reputación de alguien para conseguir un trabajo, siempre te sentirás confuso en este mundo, porque está dominado por estas personalidades. Los demás están tan centrados en su propia supervivencia que no pueden ver al lobo entrando en su territorio. Cuando el lobo apunta a una de las ovejas, lo ignoran y piensan: «Menos mal que no he sido yo». Así, estos lobos siguen destruyendo a los mejores entre nosotros y manteniendo a todos los demás dentro de los límites de la aceptación social.

No puedes ser ni demasiado bueno ni demasiado malo, o te atacarán estos lobos. Si eres demasiado bueno, te verán como una amenaza. Si no pueden derrotarte directamente, te atacarán de forma indirecta con tantas mentiras que no tendrás oportunidad de defenderte. Es como intentar recibir mil flechas a la vez. Si te consideran débil o no estás dispuesto a defenderte, sufrirás acoso, ya sea psicológico, emocional o físico.

Las personas que sufren acoso no son necesariamente inferiores; simplemente son diferentes y, por tanto, se las señala. Esta diferencia es inaceptable en una sociedad dominada por lobos viciosos. No puedes ser una buena oveja si eres diferente, si piensas demasiado, ves demasiado, tienes un aspecto distinto o haces preguntas incómodas. Por otra parte, nunca eres lo bastante fuerte para enfrentarte a una sociedad así. A menudo he visto a personas mentir sobre lo que ven para evitar ser el blanco de narcisistas, sociópatas y agresores. Normalmente, estos individuos se asocian con personas que pueden utilizarlos en su contra, sobre todo si saben que no puedes enfrentarte a ellos directamente. Esto significa mentir sobre ti a alguien más poderoso o influyente.

Capítulo 7: El conocimiento como herramienta de transformación

A menudo se dice que todas las personas son narcisistas en algún grado, pero yo no estoy de acuerdo con esta visión simplista de la humanidad. Aunque es cierto que muchos se mueven por motivos egoístas, relacionados con las necesidades básicas de reproducción, comida y sueño, esto no significa que todo el mundo opere a un nivel tan bajo de conciencia. Solo significa que pocos son verdaderamente altruistas o creativos. En esencia, los narcisistas, o los individuos con un trastorno narcisista maligno de la personalidad, impulsados por una necesidad compulsiva de poder y manipulación, prosperan porque el mundo está formado en gran parte por personas igualmente obsesionadas con sus propias necesidades. Es como volar una cometa en el viento del egoísmo. Al igual que la cometa, el narcisista es débil por sí solo, pero lo suficientemente inteligente como para tener éxito en este entorno. Sin embargo, cuando se enfrenta a alguien íntegro, sus tácticas fracasan y la cometa cae al suelo.

La prevalencia del mal en el mundo se debe al egoísmo, la ignorancia y la falta de empatía de la mayoría hacia las personas compasivas. Cuando la gente culpa a sus líderes, debería reflexionar sobre su propia ignorancia, su dependencia de puestos de trabajo controlados por estas personalidades, su elección de voto y su dependencia de estas personalidades para sobrevivir. Cuando las ovejas necesitan un lobo para sobrevivir, han descendido a su nivel más bajo y no se elevarán hasta que se enfrenten al lobo. Este principio se aplica a todos los aspectos de la vida.

La falta de interés de las masas por los individuos de naturaleza superior, no solo para ocupar puestos de liderazgo, sino también como necesidad para la supervivencia, se hace evidente en su difamación y persecución de las personas honradas. Este desinterés también se refleja en sus hábitos de lectura, ya que evitan el material que no se adapta a sus tácticas vitales ofensivas o defensivas. La mayoría de los libros populares satisfacen el deseo del ego de ser protegido o de conquistar sin empatía, ignorando las duras realidades, y reflejando las perversiones que se encuentran en todas las religiones y que perpetúan a sus adeptos.

Tardé en comprender la naturaleza humana, pero ahora reconozco que incluye la envidia, la discriminación, la arrogancia y el egoísmo. A la gente le molesta la idea de que alguien pueda saber más que ellos, aunque esa persona haya pasado décadas meditando y estudiando filosofías religiosas, porque se consideran superiores. Sin embargo, es una ironía divina que Dios envíe Su verdad a través de aquellos que el mundo rechaza, porque en su arrogancia no reconocen a sus mensajeros, incluso cuando proporcionan las respuestas que todos necesitan.

Estas personas pueden afirmar que adoran a Dios, pero en realidad se adoran a sí mismas. Su concepto de Dios es ilusorio y egoísta, un reflejo de su propio ser, y lo distorsionan todo para satisfacer sus necesidades egoístas. Esto es evidente cuando leemos sus libros, en los que la información se distorsiona para adaptarse a su voluntad. Si el defensor de una filosofía religiosa sigue vivo, suele manifestarse una profecía autocumplida cuando se enfrenta a la realidad.

Hace poco me di cuenta de esto en artículos que criticaban a un gurú moderno: un líder espiritual joven, guapo y famoso. Personalmente, no tengo opinión sobre él ni sobre otros como él, aunque puedo juzgar fácilmente su nivel de conocimientos. Lo que más me intriga son sus seguidores, así como mi curiosidad por mis propios seguidores. Muchos afirman que intimida a sus seguidores, que les insulta, que se involucra en conductas sexuales inapropiadas y otras perversiones. Sin embargo, esto es exactamente lo que buscaban cuando se dejaron embaucar por una ilusión basada en las apariencias. Nadie está más engañado que la propia persona.

Estas personas nunca me seguirían, porque buscan a un Jesús guapo y moderno que les sonría. Este hombre es blanco y rubio, así que les sonríe, por lo que creen tener lo que querían. Creen que el problema está en el gurú, pero el problema está en los seguidores. En términos sencillos, un líder sin seguidores no es realmente un líder. Se vuelve invisible cuando no hay nadie más bajo su liderazgo. La gente valora sus ilusiones y muchos líderes populares les dicen exactamente lo que quieren oír, desviando su odio hacia una fuente externa para expresar su decepción interior y su frustración por su falta de perspicacia.

Las historias sobre sectas y control mental tienen que ver, en última instancia, con la falta de discernimiento. No se puede lavar el cerebro a alguien que piensa con eficacia, tiene discernimiento y analiza la realidad basándose en hechos observables, no en aspectos superficiales, expectativas, necesidades personales y emociones.

Capítulo 8: Los peligros del dogma

La mayoría de la gente se resiste a asumir la responsabilidad de sus elecciones y quienes siguen a gurús que no exigen esta responsabilidad suelen albergar una intensa animadversión hacia mí. Llegan a desearme el mal e incluso quieren apedrearme o crucificarme. Si tuvieran la oportunidad, incluso podrían quemarme vivo. Esta hostilidad surge porque les obligo a responsabilizarse de sus propias creencias. Su obsesión por los cuentos de hadas y el misticismo les lleva a despreciar a cualquiera que les obligue a considerar las implicaciones de tales actitudes. He visto este patrón tantas veces que puedo afirmar sin temor a equivocarme que la naturaleza humana no ha cambiado mucho a lo largo de los siglos. Esto es evidente en los persistentes problemas del racismo, la perversión religiosa y la obsesión por el placer entrelazada con las prácticas religiosas.

En las escrituras hindúes, musulmanas y cristianas se afirma explícitamente que Dios revela la verdad a quienes elige y la oculta a quienes decide mantener ciegos. No se trata solo de una cuestión de fe, sino de práctica espiritual, que indica la necesidad de elevarse moralmente antes de comprender la verdad. Si mi trabajo se ajusta a este principio y si la gente descubre mis palabras tras rezar a Dios en busca de respuestas, entonces estaré cumpliendo mi propósito. De lo contrario, no podré alcanzar la prominencia de otros líderes espirituales que han amasado seguidores y lectores.

Al fin y al cabo, mi vida está influida por las decisiones que toman otras personas, y las masas a menudo no entienden la verdad. Por eso soy prudente al analizar a mis propios seguidores. Veo que atraigo a las mejores almas, y no estaría orgulloso de atraer a una multitud de tontos. Por otra parte, muchos gurús populares reflejan el nivel espiritual de la mayoría, pues han alcanzado la fama atendiendo a sus fantasías. Podemos argumentar que representan un nivel inferior de espiritualidad, pero, en realidad, a menudo llevan a la gente en la dirección opuesta.

En este sentido, tengo que decir que muchas personas que buscan la verdad, en realidad, están buscando su propia autodestrucción. He conocido a muchos de estos individuos y me sigue desconcertando el hecho de que las masas confíen en ellos y los idolatren como si fueran figuras divinas. Una característica común de estas figuras es el color de su piel; rara vez veo a alguien que siga a un gurú de piel oscura, a menos que sea indio. Por alguna razón inexplicable, la gente de todo el mundo ve la India como una «fábrica de gurús» y cree que solo los de esta región pueden ser gurús legítimos, a menos que sean blancos. Esta perspectiva binaria —lo correcto frente a lo incorrecto, lo verdadero frente a lo falso— refleja una forma simplista de pensar adoptada por mucha gente.

Una cosa es observar a individuos corrientes que siguen a líderes equivocados y otra muy distinta es oírles citar a un grupo como los rosacruces. Esta experiencia confirmó mi creencia de que estaba rodeado de ignorancia. No asisto a las reuniones de los rosacruces para escuchar tonterías, pero eso explica por qué he encontrado tanta hostilidad por parte de quienes promueven estas ideas. No tienen el discernimiento necesario para distinguir mis ideas de las tonterías que se popularizan, lo que les hace incapaces de discernir la verdad de la falsedad.

Para ilustrarlo, imaginemos a Jesús entrando en un templo y viendo a la gente adorando una pintura hecha por un cerdo; así es como me sentí yo en ese momento. Fue la confirmación definitiva de que me encontraba entre gente ignorante y de que debía marcharme. Hasta ese momento, había tolerado sus tontos insultos y su obsesión por mi ego. Aunque no puedo calificar a los rosacruces históricos de lunáticos, sí puedo decir que muchas ramas modernas están increíblemente equivocadas y que algunas realmente merecen ese título.

Habiendo interactuado con miembros del Lectorium Rosicrucianum en varios países, puedo decir con seguridad que se han desviado mucho de la verdadera esencia del rosacrucismo. El fundador de este movimiento indicó que terminaría después de algunas décadas, y a menudo me pregunto si realmente comenzó. No debemos confundir el pasado con el presente simplemente porque los nombres siguen siendo los mismos. La información ha sido corrompida en gran medida y, en muchos casos, secuestrada, porque hay poca correlación entre las antiguas corrientes del misticismo y las interpretaciones contemporáneas. Cuando las masas idolatran a los descarriados, corrompen a sus propios grupos con esta ignorancia y alienan a individuos como yo con sus juicios.

Independientemente de las intenciones de los fundadores de muchos grupos ocultistas y místicos, los miembros han distorsionado los significados originales. Los han pervertido, corrompido y convertido en algo absurdo. Hay tanta luz en los llamados Illuminati modernos como en un nido de serpientes por la noche. Es más sabio evitar a estos grupos que adentrarse en este pozo de absurdos, arrogancia e ignorancia absoluta de los textos sagrados, que podemos comprender mejor.

Por otra parte, es alentador que muchos maestros masones se sientan impulsados a leer mis libros y encuentren en ellos algo útil para su evolución. Les respeto por su humildad al reconocer lo evidente y por su dignidad al compartirlo conmigo, ya que demuestran una mayor capacidad para discernir la verdad que los individuos descarriados que he encontrado en el rosacrucismo. Sin embargo, no esperaba tener tantos masones entre mis seguidores. Aunque puedo reconocer inmediatamente los absurdos en los escritos y discursos de muchos gurús famosos —una habilidad que siempre he tenido—, nunca esperé que muchas personas religiosas optaran por insultarme por estar en desacuerdo con ellos, en lugar de apreciar las contribuciones que ofrezco. Sus reacciones rencorosas revelan su verdadera naturaleza y recuerdan a la Edad Media, cuando individuos como yo nos enfrentábamos al ridículo y a la violencia de quienes se sentían amenazados por la verdad.

Capítulo 9: La búsqueda de la verdad

Muchos religiosos me han acusado de tener un problema de ego o de ser narcisista. Insultar a alguien que no está de acuerdo contigo es fácil, no requiere reflexión, admisión de error ni cambio. Cambiar a un grupo de personas por culpa de una sola es improbable, pero te hace reflexionar sobre el estado del mundo, donde nada es lo que parece. Soy único en el sentido de que nunca he conocido a nadie que haya leído tantos textos religiosos diferentes y que esté abierto a personas de distintos orígenes religiosos.

Podría asistir fácilmente a varios grupos religiosos a la vez para entender sus perspectivas. Sin embargo, alguien con mi nivel de conocimientos encuentra esto un reto, aunque yo respete sus opiniones y evite mencionar libros fuera de su círculo aceptado. A menudo se molestan cuando utilizo sus propios textos para corregirlos. Puede ser divertido, como cuando solía burlarme de los cienciólogos diciéndoles que estaban equivocados según un determinado libro. Buscaban el libro, encontraban la página mencionada y no entendían nada. Entonces yo les decía: «¿No podéis pensar por vosotros mismos? Estáis de acuerdo o en desacuerdo con lo que está escrito, pero no sabéis lo que está escrito ni por qué. Queréis decirme lo que está bien o mal, pero no sabéis cómo. Podría cambiar este libro y seguiríais diciendo tonterías».

Nunca entendieron mi argumento, a pesar de que sus libros están llenos de errores, un problema común a todas las religiones. Me he abstenido de hacer esta broma con otros grupos porque a menudo carece de buen humor. Sin embargo, he sido responsable de que muchos líderes reevaluaran antiguos cursos señalando sus errores. A menudo, no necesitaba conocer sus estudios, bastaba con utilizar el sentido común, tan escaso en todas las religiones. También he sorprendido a muchos utilizando los conocimientos religiosos para manipular y mentir, tergiversando información y falsificando citas. Los rosacruces, en particular, suelen engañar con traducciones, interpretaciones y atribuciones erróneas. Sin embargo, esto no es tan flagrante como las complicadas interpretaciones que los cristianos hacen de sus Biblias.

La exposición de estos problemas no ha hecho sino aumentar la hostilidad hacia mí. Nada ha cambiado; nadie ha sido expulsado ni sustituido. Sin embargo, he visto lo suficiente para concluir que el problema reside en la naturaleza humana, no en los grupos religiosos. Si la gente pudiera ver estos problemas, desaparecerían de la noche a la mañana. Creo que el verdadero miedo a la existencia de extraterrestres es el miedo a la exposición. La gente teme que sus errores y mentiras sean descubiertos por seres más avanzados. Las reacciones a la reencarnación, la telepatía o el karma provienen del mismo miedo. La gente desprecia estos temas porque exponen la hipocresía y las falsedades históricas.

También me he dado cuenta de que algunas personas me evitan porque creen que puedo leerles la mente. No todos piensan así, pero los que sí lo hacen no quieren volver a estar cerca de mí. Leer la mente no debería ser un problema, a menos que la persona tenga pensamientos pervertidos e intente manipular las conversaciones, algo habitual entre quienes fingen interacciones sociales y ocultan la verdad. No tengo ningún problema con que alguien lea mi mente, porque expreso mis pensamientos abiertamente. Un ser evolucionado debería hacerlo, aunque los malintencionados lo consideren una ingenuidad. El problema es que la mayoría de la gente no expresa sus pensamientos, así que me evitan porque yo sí lo hago. No pueden soportar el hecho de que verbalice sus pensamientos, cosa que hago a menudo.

Esa es la realidad: la gente miente, evita la verdad y ataca a quienes les desenmascaran. Están obsesionados consigo mismos y no les gusta la verdad. Libros como el mío no les interesan, porque buscan soluciones rápidas que nieguen la responsabilidad o formas de manipular a los demás. Esta mentalidad de «yo contra los demás» es incompatible con los estados mentales superiores, lo que hace que su religión sea demoníaca.

La vida ofrece muchas oportunidades para ver la realidad si eres lo bastante fuerte para afrontarla. Con el tiempo, he visto cosas que nunca esperaba ver. En mi búsqueda de la belleza, he encontrado mucha fealdad en lugares que dicen ser espirituales. Esto se aplica tanto a las personas que creemos conocer como a la distancia que imaginamos que pueden llegar a alcanzar.

Por ejemplo, una vez compré un billete de avión en el piso de una exnovia y utilicé su impresora. Encontré una extraña carpeta con nombres sin sentido y la abrí. Dentro había libros sobre espionaje, control mental, programación neurolingüística y mis propios libros. Ella siempre tachaba mis libros de basura y fantasía, pero los copiaba en secreto. ¿Por qué me criticaba y luego robaba mis ideas? Sucedió varias veces. Me di cuenta de que utilizaba la información para mejorar su vida y acabé abriendo un negocio en Suiza basado en ella.

Capítulo 10: La alquimia de la mente

En la mente de una persona realmente mala, la utilidad de un martillo para construir una casa queda eclipsada por su potencial de destrucción. Lo ven como una herramienta para causar daño, igual que utilizan libros importantes con mala intención. Personas de naturaleza maligna han utilizado mis escritos para obtener riqueza, amor y la vida que desean. Muchos escritores, como yo, han sufrido al ver demasiado, sin pretender nunca que su trabajo ayudara a personas con malas intenciones. Gran parte de lo que se compartía tenía como objetivo mejorar la sociedad, pero las buenas personas a menudo muestran una bondad excesiva, ingenuidad e ignorancia de la verdadera naturaleza de los demás, esperando siempre lo mejor, mientras que los más malvados se esfuerzan por empuñar los martillos metafóricos de la destrucción.

Esta es una de las razones de la existencia de las sociedades secretas. Sus conocimientos no estaban destinados a los malvados, sino a utilizarlos contra ellos y a mejorar el mundo. Con el tiempo, sin embargo, estos individuos malévolos se han infiltrado en todos los ámbitos de la sociedad como parásitos y ahora están presentes en todos los círculos sociales y religiones. Por su propia naturaleza, utilizan información desconocida para la mayoría con el fin de arruinar la vida de los demás.

En el pasado, la barbarie se manifestaba en ataques a aldeas por parte de caballeros que saqueaban, quemaban, violaban y asesinaban. Hoy ocurre lo mismo, pero con una sonrisa, un traje y el apoyo de gobiernos e instituciones. Las almas más bárbaras y malvadas representan ahora a todas las religiones, élites sociales, universidades e instituciones gubernamentales. La única forma de erradicar esta enfermedad es acabar con el secretismo y desmantelar las instituciones religiosas, no sus libros, sino su poder institucional. De hecho, los libros más secretos deberían hacerse públicos y accesibles a todo el mundo.

Las películas y los programas de televisión suelen retratar con precisión la crueldad de la humanidad, lo que refleja nuestra obsesión por este tipo de representaciones. Sin embargo, la naturaleza humana sigue siendo primitiva y, con muchas personalidades malvadas en el poder, en un mundo en el que la mayoría ni lee ni busca la verdad, siempre estamos a punto de retroceder a la Edad Media, borrando nuestro aprendizaje colectivo, como ocurrió con las olvidadas ciudades antiguas o con la quema de la Biblioteca de Alejandría.

Es difícil comprender las acciones de los seres humanos, pero he aprendido que son fundamentalmente egoístas y actúan sin consideración hacia los demás. La compasión es rara. En consecuencia, escribir un libro y reprimir las emociones y los recuerdos es todo un reto. Tengo que tener cuidado de no mencionar países o individuos que fueron demasiado ignorantes para prever las consecuencias de sus actos. Pero, ¿por qué debería censurarme para ocultar la realidad que experimenté al enfrentarme a la maldad de otros? Si no te gusta lo que digo de ellos, de su grupo religioso o de su país, no deberías involucrarte en tales acciones. Esto debería ser fácil de entender, pero la irresponsabilidad y la inmadurez les ciegan a excusas y justificaciones de su maldad.

A menudo recurrimos a la psicología para comprender la naturaleza humana, pero resulta fascinante saber que comenzó como una ciencia espiritual. Los primeros psicólogos fueron sacerdotes hindúes, chamanes y líderes tribales que ofrecían respuestas espirituales a través de historias y leyendas. Con la institucionalización del cristianismo y otras religiones, la sabiduría de estos líderes se volvió crucial y los reyes la utilizaron para controlar a la población. Cuando surgió la psicología como ciencia del alma, renegó de ella durante la Segunda Guerra Mundial, centrándose más en el control de la población que en la curación.

Muchos de los fundadores de la psicología moderna creían que podían reprogramar la personalidad de cualquier persona mediante experimentos con animales, ya que consideraban que el nivel cognitivo de la mayoría de los seres humanos no era avanzado. Estos psicólogos, normalmente procedentes de la Alemania nazi o la Rusia soviética, pretendían sustituir la religión por la ciencia para ayudar a los gobiernos tiránicos. En otros casos, las investigaciones tenían como objetivo crear soldados ideales. Como resultado, gran parte de la psicología actual tiene su origen en estudios psicológicos y de programación de grupos, incluida la programación neurolingüística, que más tarde se convirtió en una ciencia independiente.

La psicología conocida por el público va por detrás de la investigación militar y de inteligencia. El gran público desconoce el control remoto por radiofrecuencia y la implantación de imágenes a través de smartphones y torres Wi-Fi. Esta investigación, iniciada por el Dr. José Manuel Rodríguez Delgado en los años cincuenta, continúa hasta nuestros días, y los resultados se mantienen en secreto a pesar de suponer una amenaza para los derechos y libertades individuales. La inteligencia artificial agrava esta amenaza, ya que la IA puede adaptarse en función de las respuestas individuales y acaba venciendo al mejor jugador de ajedrez del mundo en el aprendizaje.

Capítulo 11: La interconexión de todos los seres

A medida que las ciencias de la mente y del control de masas se formalizaron y tuvieron relativo éxito, los gobiernos de todo el mundo empezaron a examinar los resultados y las instituciones privadas con intereses creados empezaron a financiar a las universidades para que realizaran estudios que les beneficiaran. Hoy en día, puede decirse que la mayoría de los profesores de neurología, psiquiatría y psicología sirven a los intereses de las corporaciones, no al público. No es de extrañar que a menudo se medique a las personas que sufren enfermedades mentales en lugar de curarlas. En la sociedad actual, la medicación se considera una cura porque una sociedad sana no genera beneficios. En cambio, una sociedad deprimida es más propensa a consumir y gastar dinero, lo que beneficia al comercio, al sistema bancario y al sector médico. Se forman asociaciones en torno a diversas enfermedades mentales, que se perpetúan para justificar problemas sociales no resueltos.

Desde la aparición de los teléfonos inteligentes, el problema de las enfermedades mentales se ha agravado porque las personas están constantemente influenciadas, sin darse cuenta, por las palabras que utilizan y las acciones que llevan a cabo. Todo queda registrado en un dispositivo que llevan consigo a todas partes. La tiranía no es necesaria si la gente permite este nivel de vigilancia en sus hogares y en su vida privada.

Esto no significa que la psicología no tenga valor, pero su valor reside en lo que prueba, no en los métodos utilizados. Si observamos las pruebas psicológicas a través del filtro de los antiguos principios, veremos que su base es el comportamiento tribal y las religiones antiguas. Sigmund Freud, por ejemplo, derivó sus ideas sobre el subconsciente de escrituras hindúes de más de cinco mil años de antigüedad. Estos pseudocientíficos tenían que empezar por algún sitio, y examinar nuestras creencias como raza planetaria fue el enfoque que eligieron, aunque ha llevado a la humanidad por una dirección más perversa que edificante. Muchos científicos pueden creer que están elevando a la humanidad con sus teorías, pero la experiencia demuestra que las personas con un bajo nivel moral no pueden elevar el nivel moral de los demás. La mayoría de los psicólogos y psiquiatras que he conocido han renunciado a la idea de elevar a los demás porque saben, por estudios estadísticos, que es muy difícil y no es gratificante económicamente, y porque la sociedad valora el dinero por encima de otros valores que la mayoría de la gente sí valora.

Para hacer de la psicología una ciencia fiable, estos pseudocientíficos, en busca del alma sin reconocerla, empezaron a formular teorías sobre el comportamiento humano. Formularon teorías, compararon resultados y desarrollaron más teorías. La credibilidad de la psicología procedía del control de variables y del análisis de grupos suficientemente grandes o de la utilización de animales. Así, gran parte de lo que los psicólogos creen que es cierto hoy en día procede del estudio de ratas, palomas o perros.

El sistema educativo de castigo y recompensa, con exámenes y calificaciones, se basa esencialmente en los estudios de Pavlov con perros. En otros casos, se han estudiado poblaciones vulnerables con una mínima compensación. Tampoco es de dominio público que los psiquiatras a menudo utilizaban a sus pacientes en experimentos, formulando teorías absurdas y basando en ellas sus conclusiones. Esto dio lugar a métodos como la lobotomía o la terapia de electroshock, entre otras prácticas demenciales.

Es justo decir que estas profesiones atraen a algunas de las personalidades más inestables de la sociedad y que sus conclusiones suelen ser demenciales y ridículas. Sin embargo, como benefician a gobiernos y corporaciones, puede que hagan falta siglos o un colapso social para darse cuenta de que la psicología y la psiquiatría son fraudulentas a una escala devastadora y planetaria. La psicología actual solo es tan válida como las ratas de laboratorio que estudia, lo que significa que solo tiene sentido si te consideras una rata. Si tus motivaciones en la vida son el sexo, el sueño y la comida, la psicología y muchos libros que atienden a nuestros instintos pueden tener sentido para ti. Las masas, obsesionadas con la validación, tienden a interesarse más por las teorías que se alinean con sus ilusorias visiones de la vida.

Capítulo 12: Más allá del materialismo

C ualquier libro que sugiera que la apatía es beneficiosa, que los individuos no necesitan responsabilizarse de sus actos, que Dios o el karma son ilusiones o que la comida es el aspecto más importante de la vida —especialmente los libros de recetas— siempre serán populares entre las masas. Estas teorías nos dicen mucho sobre lo que no debemos hacer como seres humanos, pero al final solo sirven a los intereses de las empresas farmacéuticas. Por eso, muchos psicólogos están más perdidos que sus pacientes y recurren a prácticas menos fiables.

He conocido a varios psicólogos que incorporan la adivinación y otras artes místicas a sus terapias, creyendo sinceramente que esas tonterías tienen la misma validez que sus estudios académicos. Una vez conocí a una psicóloga que afirmaba utilizar las runas para entender la vida, lo que parecía tan razonable como sus estudios de posgrado en psicología. Según ella, las runas eran muy útiles.

Cuando una persona tiene problemas mentales, me pregunto qué le atrae de estas prácticas. Es como esperar que un perro escriba poesía pulsando botones con palabras. Aunque es una idea encantadora, el perro tiene que estar más evolucionado que la tecnología que utiliza para producir algo original. En otras palabras, es poco probable que esto ocurra; la psicología siempre será una pseudociencia fundamentalmente dogmática, con una actitud fuertemente religiosa hacia la sociedad. Lo veo en sus estudiantes, que, a pesar de sus limitados conocimientos, a menudo presumen de saber más que yo, a pesar de mis más de veinte años de experiencia en áreas que los psicólogos apenas pueden comprender.

Dejé de trabajar con dificultades de aprendizaje cuando noté un aumento significativo de la influencia de los psicólogos. Se oponían a mis métodos naturales, mostraban un desprecio absoluto por mis resultados —casi un 100 % de éxito en comparación con sus constantes fracasos—, no mostraban ningún interés en aprender de mí porque contradecía sus creencias y, a menudo, utilizaban sus títulos para ganar credibilidad social en contraste con mi trabajo, devaluado por muchos.

Los niños con los que trabajaba reconocían que mis métodos naturales, que utilizaban juguetes y juegos, les ayudaban a aprender de una forma más divertida, a diferencia de las drogas y otras técnicas educativas que dañan el cerebro y no dan alegría, utilizadas por los psicólogos. No podía trabajar con niños drogados, predispuestos a tener reacciones violentas por los tratamientos que habían recibido. Por eso dejé mi trabajo y busqué otras oportunidades.

Estos niños comprendían que realmente les estaba ayudando; podían ver cómo crecía su inteligencia, pero sus padres, equivocados, les prohibían utilizar mis métodos y les obligaban a tomar drogas y a someterse a ejercicios tediosos e inútiles. Sin embargo, no podemos cambiar la sociedad si la gente es demasiado ignorante para aceptar el cambio o permitir que lo apliquen las generaciones futuras. Solo podemos cambiar nosotros mismos y aprender a aceptar la sociedad tal como es.

Desde entonces, he sido testigo de multitud de absurdos promovidos por psicólogos. Por ejemplo, en España, un psicólogo enseñaba empatía a través de juegos de Lego, mientras que en Portugal, otro psicólogo animaba a la gente a bailar con el cosmos, donde los participantes cerraban los ojos y simplemente se dejaban llevar por la corriente. En Lituania, conocí a psicólogos que utilizaban runas y cartas del tarot en su consulta y algunos incluso organizaban seminarios sobre violencia doméstica que promovían una ideología de odio hacia el hombre sin ninguna base fáctica o lógica. Lo que más me sorprende de estas experiencias es que, cada vez que cuestiono a estas personas sobre sus prácticas, se ponen a la defensiva y se enfadan, a menudo afirmando que no tengo fe. Esto resulta fascinante porque se asemeja a una religión disfrazada de práctica psicológica, en la que cuestionar la credibilidad de sus métodos se recibe con hostilidad, como si se tratara de un dogma basado en la fe ciega.

Si se pidiera a una persona con una enfermedad mental grave que ideara una terapia, sospecho que sus ideas serían muy parecidas a las de estos supuestos psicólogos. Sin embargo, como la gente respeta la autoridad, todo lo que tienes que hacer es afirmar que eres un psicólogo o psiquiatra licenciado, independientemente de tu comprensión real de la mente humana, y serás escuchado y seguido.

Si obtiene resultados donde los psicólogos fracasan, la gente atribuirá su éxito a la suerte, no a sus conocimientos superiores ni a su información fiable. Esta dinámica explica por qué es tan difícil resolver los problemas del mundo. No es posible ser honesto y evitar la realidad al mismo tiempo, y la gente confía demasiado en las figuras de autoridad para pensar de forma crítica. Además, ¿para qué luchar por la credibilidad en una realidad que favorece a los tontos?

Capítulo 13: Despertar a una conciencia superior

D ecir la verdad suele requerir el valor de arriesgarse a parecer ofensivo; de lo contrario, nadie escuchará y no habrá verdad que compartir. Jesús llamó a estas personas «piedras», dando a entender que son demasiado ignorantes para plantar ideas y esperar resultados fructíferos. Del mismo modo, Buda los describió como «no despiertos», un término que puede interpretarse como «descerebrados», aunque se entendía según la comprensión de sus seguidores. Las interpretaciones modernas de este concepto incluyen términos como «estúpido», «retrasado» e «idiota», que reflejan una perspectiva más exacta desde el punto de vista científico. Osho llegó a utilizar el término «retrasado» para expresar que no se puede esperar que la mayoría sea civilizada o comprenda el concepto de democracia.

Este estancamiento intelectual es evidente en la investigación psicológica, especialmente cuando se analiza a través del filtro de filosofías antiguas como el hinduismo. Las escrituras hindúes proporcionan descripciones ricas y detalladas de cómo piensan y se comportan los individuos ignorantes. Estos conocimientos, escritos hace más de cinco mil años, aún pueden observarse en la actualidad. Por lo tanto, etiquetar a la mayoría de «atrasados» y «estúpidos» se corresponde con la realidad. No se puede evolucionar sin una visión clara de la verdad. Si eso ofende a algunas personas, es solo una consecuencia de enfrentarse a la verdad. Sin embargo, si te ofende, puede indicar una falta de discernimiento.

Para quienes son profundamente ignorantes o mentalmente inestables, la realidad puede ser bastante ofensiva. Una persona que no aprende, que no lee y que expresa ideas absurdas sin sentido común es, en gran medida, ignorante y neurótica. Ignorar los hechos de la vida puede conducir a la locura. El amor, la creatividad y la conexión con el reino espiritual solo surgen cuando se domina la comunicación. Por eso muchas personas tienen dificultades con estos conceptos, ya que tienden a evitar la realidad. La mayoría de las personas carecen de habilidades efectivas de comunicación y empatía, y en su lugar, se centran en buscar la validación externa. Muchos problemas globales se derivan de esta ignorancia, ya que la gente se comporta de forma irracional porque carece de sentido común.

Clasificar las acciones de esta mayoría como «normales» es aún peor que no reconocer su verdadera naturaleza. Cuando la psicología normaliza este comportamiento, agrava la situación, porque muchos problemas de salud mental son fundamentalmente problemas sociales. Al etiquetarlos como normales, se elimina la necesidad de responsabilidad proactiva y respuestas conscientes. Es natural sentirse deprimido ante individuos psicóticos y neuróticos, ya que pueden disminuir tu sentido de la competencia. Es habitual sentirse frustrado y deprimido cuando se convive con este tipo de personas. Sin embargo, aceptarlas como normales es arriesgarse a caer en un estado de desesperanza.

Cuando Jesús dijo: «Perdónalos, Padre, porque no saben lo que hacen» (Lucas 23:34), hizo hincapié en la ignorancia de la gente sobre las consecuencias de sus actos. Esta ignorancia se deriva de un enfoque egocéntrico. Acontecimientos históricos como la Inquisición ofrecen innumerables ejemplos de cómo el interés propio eclipsa la verdad, como la ejecución de Giordano Bruno en 1600 por negar la divinidad de Cristo, la virginidad de María y la doctrina de la transubstanciación, así como por su creencia en la pluralidad de mundos, su apoyo al modelo heliocéntrico y sus opiniones panteístas. Sus ideas y escritos, especialmente sus teorías cosmológicas y puntos de vista filosóficos, se consideraban incompatibles con las enseñanzas de la Iglesia católica de la época.

Estas ejecuciones públicas pueden haber enseñado a las masas que es más importante para su supervivencia escuchar las opiniones de los demás que decir la verdad, lo que conduce a la autocensura. Además, la gente suele tener comportamientos inadecuados y albergar resentimiento contra quienes les corrigen. Estas acciones tienen su origen en el ego y están motivadas por el miedo. Por tanto, tanto el deseo de hacer el bien para ganarse el respeto y la aprobación como el miedo a ser corregido están motivados por un impulso egocéntrico e impulsado por el miedo. Después de todo, ¿no es el propósito del ego garantizar la supervivencia individual?

El problema central no es la existencia en sí, sino su mal uso. Las masas a menudo muestran síntomas de esquizofrenia paranoide debido a miedos exagerados relacionados con el mundo real. Temen la muerte violenta, como la decapitación, la horca, la hoguera o la tortura, que sigue siendo una posibilidad en muchas regiones. Este miedo imaginario a la muerte les controla porque son conscientes de que hablar podría acarrearles terribles consecuencias, lo que desencadena un mecanismo de autodefensa natural, aunque inconsciente.

Esto nos lleva a reconocer que, aunque las masas puedan parecer ignorantes, también poseen una forma de inteligencia impulsada por su obsesión por la supervivencia. Sin embargo, es importante examinar cómo conceptualizan la supervivencia. Cuanto más ignorante es un individuo, más probable es que vea la supervivencia como un instinto de rebaño y no como una estrategia vital proactiva. Esta estrategia requiere leer, aprender y adaptarse, pero, sobre todo, requiere una batalla diaria contra la mente subconsciente que nos recuerda constantemente nuestra mortalidad.

Para mantener la cordura, hay que enfrentarse a los instintos de supervivencia y ver la muerte como un camino hacia la libertad. Este enfrentamiento es necesario antes de enfrentarse al odio, la envidia, la calumnia e incluso la violencia física de los demás. Perdonar a los enemigos, como instruyó Cristo, no solo se convierte en una obligación, sino en una respuesta consciente arraigada en nuestra comprensión de su condición inherente. Esta comprensión sugiere que la verdadera blasfemia reside en afirmar que Jesús murió por nuestros pecados. Además, utilizar la cruz como símbolo de una religión de amor y, al mismo tiempo, recordar a la gente las consecuencias de denunciar es una segunda blasfemia.

Capítulo 14: El poder de la compasión

L a actitud herética del cristianismo moderno hacia el cristianismo verdadero y original puede resumirse así: se castiga a un hombre por hablar demasiado y quienes cuestionan los dogmas establecidos y plantean preguntas incómodas interiorizan las consecuencias en su subconsciente, simbolizadas por la omnipresente cruz. Como resultado, se distorsionan conceptos como el perdón y el amor; en lugar de fomentar la comprensión de lo que constituye el mal, ahogan nuestra capacidad de pensar de forma crítica, lo que conduce a un aumento del resentimiento y de las actitudes poco cariñosas hacia las personas de otras religiones, creencias y culturas. Rara vez se cuestiona la Biblia y, cuando se descubren textos y filosofías gnósticas, se ignoran en gran medida. El resultado es la subyugación total de grupos enteros de personas.

Pero, ¿se puede ir más lejos? Sin duda, como demuestran los Testigos de Jehová y sus tácticas de control mental. De hecho, las religiones que utilizan los métodos de control más eficaces suelen recibir más financiación e investigación. Sus seguidores se convierten en objeto de experimentos por parte de agencias como la CIA. Incluso el KGB mostró gran interés por las prácticas religiosas que promovían la vida en el «ahora», suprimiendo el pensamiento y eliminando el pensamiento crítico.

Los individuos de grupos religiosos suelen mostrar egoísmo, egocentrismo e hipocresía, lo que los hace potencialmente peligrosos y mentalmente inestables. Este conflicto interno puede desembocar fácilmente en luchas por el poder. Lo vemos claramente cuando los gobiernos nacionalistas explotan las cuestiones de religión, racismo e inmigración para justificar su incompetencia o conseguir apoyo para sus programas políticos. Un excelente ejemplo son las secuelas de los atentados del 11 de septiembre, que dieron lugar a una narrativa global que justificaba el asesinato de millones de inocentes en Oriente Medio, la sustitución de sus líderes y la destrucción de sus economías. A partir de entonces, cualquier persona de piel oscura fue a menudo tachada de terrorista, a pesar de las pruebas de que los edificios fueron destruidos por demolición controlada, como afirmaban muchos expertos.

Para manipular aún más el sentimiento de la opinión pública, se emitieron por televisión imágenes gráficas de decapitaciones perpetradas por organizaciones terroristas, lo que reforzó la idea de que las personas de piel oscura de distintas religiones suponían una amenaza para la seguridad pública. Tras estos sucesos, se enviaron innumerables migrantes de Oriente Próximo a Europa y Estados Unidos, con el fin de mantener vivo el mecanismo del miedo en la psique colectiva y distraer a la gente con retórica racista en lugar de abordar las agendas políticas subyacentes.

Han pasado años, han muerto innumerables personas inocentes, pero admitir que estos sucesos formaban parte de una conspiración en la que estaban implicados la CIA y el Mossad suele considerarse ridículo. Quienes dicen esta verdad son ridiculizados e insultados, porque sería demasiado doloroso para el ego admitir su propia ignorancia. Hemos repetido estos ciclos de comportamiento durante tanto tiempo que se ha vuelto extremadamente fácil controlar las acciones de miles de millones de personas. La gente rara vez desconfía de las figuras de autoridad y cada vez está más dispuesta a morir por sus políticos, e incluso a ser asesinada por ellos. Lo mismo ocurre con los médicos, que son más propensos a causar daño y escapar a las consecuencias que los delincuentes comunes. Esto es evidente cuando recomiendan tratamientos contrarios a los que deberían recibir los pacientes, acelerando su muerte.

Incluso cuando mis afirmaciones producen resultados, la gente no está convencida de que sean el curso de acción correcto, porque tiene dificultades para pensar con claridad y confía en cifras autorizadas para orientarse. Los periodistas, a pesar de su falta de conocimientos científicos, también ejercen una influencia considerable. Por ejemplo, cuando las noticias informan de que el azúcar es perjudicial para la salud, la gente suele eliminarlo de su dieta. Como resultado, las empresas que dependen del azúcar en sus productos empiezan a perder beneficios y se apresuran a pagar a los medios de comunicación para que cambien el discurso, a menudo utilizando investigaciones financiadas por ellos mismos para manipular los informes sobre las causas de diversas enfermedades. Las personas que no piensan escuchan el mensaje contrario: «El azúcar, en cantidades óptimas, aumenta los niveles de energía y mejora el estado de ánimo cuando se consume en el desayuno».

Esto crea lo que los psicólogos llaman disonancia cognitiva. Sin embargo, debido al pensamiento binario condicionado por el sistema educativo (en el que una respuesta debe ser errónea para que la otra sea correcta), la gente se confunde.

¿Cómo resuelve la gente este dilema? Lo vemos todos los días. Ponen el problema del «no lo entiendo» en la casilla de la «felicidad» de su mente. Se convencen de que todo puede ser bueno o malo para la salud, según la perspectiva de cada uno, y de que incluso los médicos pueden equivocarse. De este modo, la salud depende de diversas influencias, sin que un único factor sea la causa de la enfermedad. Esta teoría la repiten a menudo los propios médicos. Al hacerlo, se enfrentan a dos cuestiones al mismo tiempo: proteger su ego para no equivocarse y proteger su puesto de trabajo en caso de cometer un error que pueda perjudicar a un paciente. Esto lleva a la creencia de que todas las enfermedades están determinadas por la genética o el destino y no por la dieta. Cualquier médico o dentista que sostenga esta opinión probablemente esté faltando a la verdad. En general, mienten para proteger su puesto de trabajo, ya que no pueden expresar una perspectiva alternativa.

Capítulo 15: La ilusión de la separación

Las ideologías que promueven la felicidad absoluta sin responsabilidad y la relatividad de la verdad son populares porque eximen de responsabilidad a los individuos, incluidos los que cometen delitos, al tiempo que facilitan el uso de la mentira con fines lucrativos. Aunque a menudo suponemos que las personas tienen sentido común, los estudios sobre la moralidad humana, especialmente los realizados por Lawrence Kohlberg en la Universidad de Harvard, demuestran que la estupidez o el interés propio no son sinónimos de sentido común. Por lo tanto, no creo que la gente tema realmente a los extraterrestres, ya sean parecidos a las grotescas representaciones de las películas o representen una amenaza para el planeta con armas avanzadas. En el fondo, lo que la gente realmente teme es la posibilidad de ser como cualquier otro ser humano en la Tierra, tratando de promover la paz a través del sentido común y la conciencia superior.

La verdad es lo que más asusta a la gente, porque amenaza con desmantelar su realidad percibida. Quizá sea esta la perspectiva más aterradora para un planeta lleno de almas confusas: la posibilidad de que aparezca un individuo más racional y sustituya sus fantasías por hechos. Podemos verlo en el trato contrastado que se da a los autores populares, que comparten opiniones personales, y a los científicos, que presentan pruebas empíricas. Un autor populista puede expresar opiniones ilógicas que tienen poco sentido, pero la gente las acepta e incluso comparte sus palabras en reuniones religiosas. Quieren desesperadamente creer lo que dice, lo que me parece profundamente ofensivo para los fundadores de sus respectivas religiones, sobre todo cuando estos grupos intentan representar filosofías antiguas, como en el caso de los rosacruces.

Por otro lado, un científico discute cientos de artículos científicos sobre temas relacionados y comparte sus experiencias personales como psicólogo clínico, pero se le critica cuando no se ajusta a los delirios de las masas.

Además, muchos autores populares abogan por la ignorancia del ego, una noción que no es coherente. Ignorar el sentido del yo impide al individuo discernir lo que constituye el yo y lo que no, lo que obstaculiza su camino hacia la conciencia superior. Este comportamiento, que elimina la fuente de la conciencia de la ecuación de la vida, puede conducir a la locura. En consecuencia, todas las personas que se adhieren a estos principios muestran signos de inestabilidad mental. Tienen dificultades para distinguir entre acciones buenas y malas porque han caído en la trampa de creer que el ego es inherentemente malo, un error común en el rosacrucismo moderno, especialmente en el Lectorium Rosicrucianum.

Los escritores responsables hacen hincapié en la necesidad de que los individuos asuman una mayor responsabilidad por sus vidas, lo que contrasta fuertemente con los mensajes erróneos propagados por los autores populares. Los individuos perezosos y egocéntricos suelen rechazar la credibilidad de las teorías basadas en la práctica clínica. Por ello, asimilan argumentos que les permiten eludir responsabilidades y acaban leyendo los mismos libros que seguirán religiosamente. El uso de títulos como «rosacruz» o «masón», que invocan rituales y prácticas ancestrales, sirve como hábil estratagema para que la gente acepte un montón de tonterías y se sienta especial. La verdad es que si estos grupos tuvieran nombres que nadie hubiera oído hablar, probablemente no atraerían a adeptos y quizá ni siquiera existirían.

Estos grupos son fraudulentos. No cumplen ni las normas más elementales de decencia porque sus miembros son demasiado egocéntricos para tratarse con civismo. Me sorprendió el nivel de ignorancia, grosería e insultos que encontré. Su propia existencia es una afrenta a su nombre, pero ven el problema en los demás, incapaces de ver sus propios defectos. Cada vez que asistía a reuniones con miembros del Lectorium Rosicrucianum, se centraban en el ego y el pensamiento. Decían: «Tienes demasiado ego, y el ego es malo» y «Piensas demasiado». Sin embargo, ninguno de ellos podía explicar claramente sus argumentos, lo que demuestra su falta de comprensión del ego y de la mente. Estaban obsesionados con falsas suposiciones y vivían en un mundo de fantasía. Promovían citas absurdas de Eckhart Tolle y Paulo Coelho en sus reuniones, como si fueran un mero entretenimiento.

Los rosacruces modernos tienen poco que ver con el rosacrucismo auténtico y, mucho menos, con una filosofía que defienda la razón.

Se han apropiado del título de otros grupos para promocionarse, una práctica común entre muchos cristianos que apenas tienen relación con el cristianismo más allá de la Biblia, que reinterpretan según sus propios puntos de vista, sin apartarse nunca de las doctrinas establecidas por el Concilio de Nicea. Sería como si yo tomara todas las escrituras hindúes, las tradujera de forma diferente y luego pretendiera ser el fundador de una nueva rama del hinduismo. La gente no ve nada malo en este comportamiento y me desconcierta que no puedan ver su propio error. He conocido a un número increíble de personas inmaduras e ignorantes en contextos religiosos. Lo realmente aterrador es cuando ocultan estas verdades tras una fachada de extrema malicia.

Capítulo 16: El viaje hacia la autorrealización

C uando entablas un diálogo abierto con alguien que no está de acuerdo contigo, no estás siendo egocéntrico, sino realista y analítico. Este enfoque suele asustar a las personas con una mentalidad delirante. Al permitir que la conversación amplíe tu comprensión, irritas a quienes prefieren vivir en un mundo de fantasía detrás de máscaras sociales. Cuando la otra persona intenta convencerte de que estás equivocado e ignora su propio egocentrismo, no está siendo útil ni auténtica, sino que intenta arrastrarte a un nivel en el que pueda ejercer control sobre ti. Por eso recurren a insultos infundados y distorsionan los hechos. He observado esta actitud común en muchos grupos espirituales; los rosacruces, los masones y los cristianos son algunos de los más engañosos.

Prefiero tratar con alguien ignorante que con un hipócrita que miente para manipularme, lo cual es común en estos grupos. Los Testigos de Jehová, en particular, parecen personajes de películas de terror cuando se descubren sus mentiras. Sin embargo, no es difícil desenmascarar las falsedades de cualquier religión cuando se reconoce su empeño en anteponer la opinión a los hechos o incluso a sus propios textos. Los argumentos de cualquier religión pueden desmontarse fácilmente examinando su historia y la manipulación y mala interpretación que hacen de sus propias escrituras. La persistencia de estas creencias se debe en gran medida a la notable falta de inteligencia de sus miembros, muchos de los cuales demuestran inmadurez.

Al dar prioridad a las interpretaciones de sus propios libros sobre la discusión de los hechos, estos individuos revelan una discapacidad de aprendizaje y una profunda incapacidad para enfrentarse a ella. El dogma no podría existir sin la locura que lo sustenta. Esto es tan evidente que son capaces de percibir a distancia a una persona con una vibración más elevada y se obsesionan con apartarla de su grupo porque se sienten incómodos con ella. Estos individuos suelen enmascarar sus deficiencias con un falso sentido de superioridad moral que en realidad no poseen. Esto se hace evidente cuando se dan cuenta de que fracasan en todos los argumentos que esgrimen, mientras que yo siempre acierto en mis afirmaciones, incluso sin intentarlo.

Peor aún, el hecho de que yo haya escrito libros para ilustrar a otras personas les hace sentirse inferiores, lo que alimenta su animadversión contra mí. Esto demuestra que no son sinceros y que no les interesa el bienestar de la humanidad, sino obtener una ventaja sobre los demás. No pueden aceptar la realidad de que tengo más conocimientos que ellos, que no les necesito y que estoy educando al mundo sobre verdades más elevadas, porque eso enfada a sus demonios internos. En consecuencia, intentan desacreditar mi trabajo afirmando que les he copiado o que he obtenido mis conocimientos de algún otro grupo o de fuentes místicas como los Registros Akáshicos o a través de la comunicación con los muertos. Muestran la misma actitud despectiva hacia cualquier persona con intenciones edificantes, incluidos los que practican actividades beneficiosas para la salud física, como el yoga.

Los rosacruces son algunas de las personas más ridículas e ignorantes que he conocido. También hacen gala de un asombroso nivel de racismo, algo especialmente sorprendente para quienes profesan creer en la reencarnación y afirman haber obtenido gran parte de sus conocimientos de las antiguas escuelas de misterios egipcias y de los escritos gnósticos de Oriente Próximo. Pero, ¿puede un árbol que bebe de un lago envenenado dar frutos dulces? Estos individuos están consumidos por energías oscuras y siempre me negarán el respeto que merezco. Reconocer mi valía les exigiría disculparse y mostrar humildad, lo que contrasta con su extrema arrogancia. Es curioso que me acusen de tener un problema de ego y, al mismo tiempo, expresen su deseo de aprender de mí y de entender lo que escribo, lo que revela que su arrogancia va más allá de los niveles normales.

Menosprecian a los demás mientras codician lo que tienen, lo que hacen precisamente cuando se apropian de nombres de grupos históricos que ya no existen. Este comportamiento refleja el de un narcisista: criticar a los demás mientras les roban su identidad y sus conocimientos. En esencia, son egoístas y encarnan las mismas fuerzas oscuras que rechazan. La persona media no tiene suficiente información para navegar entre estos absurdos, lo que la convierte en una víctima fácil de las palabras de los demás. Si tienes los mismos conocimientos que yo, inevitablemente arrojarás luz sobre la oscuridad de los demás, lo que puede llevarte a la idea errónea de que los insultos que recibes te hacen inferior, cuando en realidad es todo lo contrario. Cuanto más consciente seas, más te odiarán.

Eso no quiere decir que no intenten apropiarse de tus conocimientos; así es como se comporta la gente envidiosa. Muchos masones leen mis libros, pero prefieren mantenerse al margen. Lo mismo ocurre con los miembros de las escuelas rosacruces, que evitan tratar conmigo, pero vigilan constantemente lo que escribo y publico en Internet. Las etiquetas que se ponen las religiones son engañosas, porque todas son falsas y están controladas por prácticas enfermizas e innumerables psicópatas. No existen el cristianismo, el rosacrucismo, la cienciología, el budismo o la masonería en sus verdaderas formas. Todas son un completo insulto a sus fundadores. Ninguna religión es más de lo que dice ser.

Eso no significa que no evolucionen en sus tácticas engañosas. Me he encontrado con muchos cristianos que fingen amistad solo para hacer preguntas específicas y luego compartir mis respuestas con sus congregaciones sin darme nunca crédito, todo para mejorar su propia imagen. ¿No es terrible? En general, los cristianos se consideran moralmente superiores al resto y rechazan cualquier juicio sobre su comportamiento. Pero, ¿qué valor tiene un predicador que predica lo que ha aprendido de mí como si fuera suyo o de inspiración divina, al tiempo que intenta persuadirme para que renuncie a mis conocimientos y le siga? Esa persona es un charlatán, un parásito y un demonio.

La obsesión por ser superior al resto, por sentirse especial y moralmente elevado, es tan frecuente en muchos grupos espirituales que cuesta creer que estén motivados por una verdadera moral espiritual. De hecho, cuanto más interactúo con ellos, menos les importan los hechos y más se aferran a sus fantasías y estereotipos. No me uní a un grupo religioso para presenciar este tipo de farsa. Observo comportamientos similares en toda la sociedad, lo que confirma que las religiones no transforman a las personas. Solo sirven de gruesa máscara para ocultar su naturaleza pervertida y diabólica. Conviene desconfiar de quienes hacen todo lo posible por afirmar su superioridad moral basándose en una identidad religiosa.

Esto es especialmente evidente cuando menciono que soy escritor, porque eso casi nunca acaba bien en un contexto religioso. No soy perfecto y no pretendo saberlo todo, pero es un reto navegar por mis conocimientos ante un odio tan intenso, como si no se me permitiera saber más que los demás. La envidia saca lo peor de ellos. Cuanto mejor eres, más se manifiestan sus demonios interiores. Cuando tienes más conocimientos que los autoproclamados iluminados, revelan su verdadero y feo yo.

Capítulo 17: Vidas pasadas y elecciones actuales

A los seres humanos les gusta considerarse altamente evolucionados, pero diversos estudios demuestran que la gran mayoría opera al nivel cognitivo de un mono o una rata en lo que se refiere a patrones de pensamiento. La investigación de Gordon Stephenson sobre los «Cinco Monos» es uno de los muchos estudios que ilustran por qué la gente suele atacar a quienes piensan de forma diferente. A lo largo de la historia, arriesgarse y decir la verdad ha acarreado a menudo graves consecuencias, como la crucifixión, la tortura, la decapitación o la quema en vida. Como resultado, la humanidad como colectivo ha aprendido a evitar, temer y castigar a cualquiera que «piense demasiado» o exprese «pensamientos negativos», ya que estos individuos son considerados «locos» por una sociedad que inconscientemente equipara arriesgar tu vida por tus pensamientos con la locura. Así que la próxima vez que oigas frases como «estás loco», «piensas demasiado» o «eso es pensamiento negativo», reflexiona sobre el significado subyacente.

Muchos oradores y escritores refuerzan este sinsentido o lo utilizan como gancho para convertir sus ideas equivocadas en teorías populares y fáciles de entender. El resultado es que sus seguidores aprenden a temer el pensamiento, interiorizando estas ideologías autodestructivas. Cuando estas teorías se infiltran en el ámbito de la religión, la situación se vuelve aún más grave. Ya sea entre masones, rosacruces, cienciólogos, cristianos, budistas o cualquier otra secta, suelen adoptar comportamientos que contradicen su potencial de pensamiento crítico, autoestima y, lo que es más importante, inteligencia y capacidad para analizar los hechos de forma independiente. El amor propio se confunde con el egoísmo y se acusa falsamente a los individuos de ser excesivamente orgullosos si quieren explorar sus propias identidades, lo que les hace perder el sentido de sí mismos. Sus identidades se entrelazan con los grupos a los que pertenecen, que les dictan quiénes son y qué deben pensar. Esto es exactamente lo contrario de lo que la espiritualidad debería representar y reduce a los individuos a un nivel espiritual inferior.

No se llega a ser más inteligente solo por sentarse en silencio y meditar; de lo contrario, las universidades serían los lugares más silenciosos del mundo. La verdadera inteligencia se cultiva leyendo, debatiendo y ampliando el conocimiento del mundo. ¿Cómo podemos hacerlo si se nos niega el uso de estas facultades? Resulta aún más inquietante cuando las técnicas desarrolladas para mejorar las aptitudes se utilizan contra las personas para manipularlas, oprimirlas y destruir su autoestima, como suele ocurrir con muchos científicos hoy en día. Siempre que he llamado la atención de la organización sobre estas cuestiones, mis cartas han sido ignoradas porque ninguna religión que se considere virtuosa quiere admitir que está cometiendo crímenes contra los mismos principios que dice defender. El statu quo y el beneficio económico priman sobre cualquier preocupación por el comportamiento ético. Quizá la mayor hipocresía de cualquier religión sea la exhibición pública de virtudes que no se aplica a sí misma.

Además, parece que la mayoría de la gente no se da cuenta de que las ideologías que defienden hoy en día son el resultado de guerras brutales y asesinatos, no de una argumentación lógica. A la gente no le gusta perder discusiones, porque les hace sentir que tienen un sentido de superioridad moral y un deseo egoísta de sentirse importantes. Discutir temas espirituales hoy en día es tan difícil como lo ha sido siempre. Como resultado, la brutalidad, la mentira y el engaño han triunfado históricamente sobre la verdad. Civilizaciones enteras han desaparecido y muchos han sido perseguidos simplemente por pensar de forma diferente a sus opresores. Por estas razones, la idea de evolución es una ilusión. A menudo, solo estamos redescubriendo lo que ya se sabía, pero muchos siguen sin ser conscientes de este proceso y de la gran cantidad de conocimientos recuperados en las últimas décadas.

Tenemos el potencial de corregir miles de años de errores, pero esto no está ocurriendo porque la gente no está dispuesta a admitir sus errores y cambiar su comportamiento. La mayoría de la gente no vive más de 100 años, pero no puede enmendar los errores cometidos durante décadas. En consecuencia, como todo el mundo se comporta de forma similar, estos errores persisten durante milenios. Cristianos y musulmanes, entre otros, siguen aferrándose a mentiras y traducciones erróneas porque se niegan a examinar los orígenes de sus textos y su propia historia, por lo que no corrigen los errores de sus predecesores.

Si quienes creen que sus interpretaciones personales de un libro contienen toda la verdad, incluidos los hechos históricos, científicos y arqueológicos, también creen que esta verdad excluye otros textos, religiones o individuos de otras culturas y orígenes, entonces el único Dios al que pueden rezar es el Dios del egoísmo y el narcisismo que reside en las profundidades de sus almas delirantes. Sí, muchos afirman que Dios está dentro de nosotros, pero este argumento adquiere un significado diferente cuando se trata de narcisistas enfermos mentales. Los religiosos suelen estar tan preocupados por sus fantasías que acaban encarnando el mismo problema que me atribuyen a mí: la arrogancia. Me consideran arrogante porque ven que pongo en duda sus ilusiones, y les molesta que se ponga en duda lo que ellos consideran irrefutables. A los psicólogos les molesta que se cuestionen sus métodos. Entonces, ¿quién reflexiona realmente sobre qué?

He reflexionado sobre esta cuestión muchas veces. Sin embargo, soy yo quien expone sus pensamientos e intenta ayudar al mundo. Ellos no podrían ayudar a nadie, aunque quisieran, y su resentimiento hacia mí no es más que el reflejo de su propia vergüenza e incompetencia. A pesar de ello, he recibido varias ofertas para unirme a las altas esferas de la Cienciología, pero siempre las he rechazado porque la organización no es lo que dice ser, sino una sombra de los ideales que profesa. Su ética no es más que una construcción teórica y sus amistades son superficiales y desaparecen en cuanto dejas de pagar nuevos cursos. De hecho, muchos grupos religiosos que afirman que el dinero no importa no sobrevivirían sin las donaciones de sus seguidores. Su altruismo se evapora cuando un miembro no puede pagar las cuotas o asistir a las reuniones de fin de semana. Los miembros favoritos son los que los reciben en casa.

La institucionalización de una religión comienza en la mente de sus seguidores, y ahí es donde se afianza su malevolencia. Pero, ¿qué recuerda cuando alguien que cuestiona la autoridad religiosa es tachado de arrogante y herético? Esto recuerda al mismo comportamiento de quienes crucificaron a Cristo, quemaron en la hoguera a Juana de Arco y a Giordano Bruno y asesinaron a Martin Luther King delante de una multitud.

Capítulo 18: El papel del compañerismo en el crecimiento

Muchas personas han sido asesinadas por quienes no querían que se cuestionara su poder. Sin embargo, estos criminales no son un grupo de élite escondido en una cueva, sino las masas, presentes en todas las comunidades y organizaciones. A pesar de sus promesas, la religión no ha conseguido transformar a la humanidad. ¿Cómo perjudican hoy los religiosos a los demás? Lo hacen mediante insultos y calumnias. Al igual que el asesinato ha evolucionado a lo largo de la historia, también lo han hecho los métodos de castigo. La forma más común de asesinato social hoy en día se conoce como ghosting y consiste en fingir que alguien no existe. Sin embargo, antes de utilizar esta táctica a gran escala, es necesario destruir la imagen pública del individuo incinerando su reputación.

Estos inquisidores modernos están por todas partes. Su obsesión por manchar la reputación de cualquiera que desafíe su autoridad crea un entorno en el que los demás temen asociarse con la persona en cuestión. En grupos como los Testigos de Jehová, este comportamiento se practica abiertamente y está ampliamente aceptado. Si un miembro es castigado por ser considerado desagradable, debe asistir a las reuniones y ser ignorado por todos. Aunque este trato puede alienar permanentemente a alguien, muchas personas se vuelven tan dependientes de su comunidad que esta forma de castigo puede parecerles tan devastadora como la muerte.

Puede que otros grupos no reconozcan abiertamente este comportamiento, pero adoptan prácticas similares. Con el tiempo, a menudo me veo rechazado por todos los miembros del grupo. ¿Dónde más podemos ver este tipo de comportamiento en los grupos? También es evidente cuando un narcisista intenta manchar la reputación de alguien altruista. He sido testigo de dinámicas similares en guarderías y escuelas primarias, donde el comportamiento se asemeja al de niños emocionalmente inmaduros.

Durante muchos años, evité identificar a estas personas, pero ahora me pregunto por qué debería abstenerme. Espero que, a medida que estos subhumanos caigan en la oscuridad, mis palabras perduren y sus grupos desaparezcan. A medida que la humanidad madure y supere los comportamientos descritos en este libro, alguien podrá tomar estas palabras y crear una religión mejor que realmente ayude a la humanidad, en lugar de aprisionarla en la mentira y el miedo.

Nunca he llamado arrogante o egoísta a nadie de un grupo religioso, ni siquiera cuando su comportamiento sugiere claramente lo contrario. Me abstengo de insultarles, aunque ellos me insulten constantemente. Con el tiempo, sin embargo, he llegado a comprender la dinámica que hay en juego, lo que ha disminuido mi interés por cualquier institución religiosa, porque creo que todas están viciadas en su esencia. Sus celos y su envidia por mis percepciones son descorazonadores y me hacen sentir como si intentara hacer amigos en una institución mental. También creo que es imposible absorber tanta ignorancia sin comprometer la moral. La oscuridad de los demás puede acabar corrompiendo tu integridad moral y tu capacidad de ver la realidad con claridad.

Las religiones no se crearon para quienes aspiran a estados espirituales superiores. Adherirse a ellas y alcanzar una conciencia superior son procesos contradictorios. Personalmente, no me inclino por seguir los caminos de individuos con perspectivas tan limitadas, que a menudo ven lo contrario de la realidad o malinterpretan lo que soy. No tengo paciencia con quienes insisten en que su imaginación es más válida que los hechos o creen que pueden comprenderme mejor de lo que yo me comprendo a mí mismo tras un breve encuentro. Por eso utilizo términos como «loco» y «psicótico» cuando hablo de ellos; no hay otra forma de transmitir lo evidente.

Con los años, me cansé de estas experiencias. Después de asistir a algunas reuniones con los Rosacruces, a menudo me sentía físicamente enfermo durante dos o tres semanas, como si entidades oscuras hubieran drenado mi energía. Me sentía energéticamente agotado, como si hubiera pasado el día con vampiros energéticos. Hay algo profundamente erróneo no solo en tus procesos de pensamiento, sino también en tu energía.

Esta constatación me llevó a comprender que había evolucionado a estados de conciencia superiores, superiores a los suyos, porque estar cerca de ellos me hacía sentir incómoda. Además, tener uno o dos individuos que se comporten normalmente en un grupo no basta para compensar la energía negativa de los demás. Algunos individuos exudan una energía tan oscura y tóxica que el mero hecho de estar en su presencia puede poner en peligro la vida. Solo quienes tienen un nivel de energía igual de bajo no se darían cuenta de ello. Este fenómeno es común a todos los grupos religiosos. Aunque reconocen los signos de una persona espiritualmente evolucionada, se enfadan cuando ven estas características en los demás, porque pone de relieve su propia inferioridad.

No espero mucho de la gente, aparte de un comportamiento normal, empatía y una comprensión genuina de lo que leen, en lugar de recurrir a ataques para proteger su ignorancia e inseguridades. A menudo, afirman que tengo un problema de ego y que pienso demasiado las cosas, como si ser una persona desinformada y con baja autoestima fuera una opción preferible en la vida. Los insultos que me dirigen revelan más sobre su carácter de lo que yo podría haber previsto. El comportamiento de miembros de alto rango de una religión como el rosacrucismo que intentan convencerme de que tienen más conocimientos que yo, simplemente porque han representado a la organización durante décadas, mientras yo les corrijo con sus propios textos, es bastante patético.

Sí, ¡esto ha ocurrido muchas veces! He corregido a varios líderes rosacruces y de la Cienciología sobre sus prácticas, porque en realidad no las siguen; siguen sus propias interpretaciones y luego afirman que siguen las directrices establecidas por sus difuntos fundadores. Esta desconexión es más común de lo que imaginé en un principio, como me han confirmado algunos antiguos líderes de la Cienciología que han ocupado los puestos más altos de la organización. Sin embargo, este patrón no es exclusivo de la Cienciología y puede observarse en diversos grupos religiosos. Cuanta más experiencia adquiere una persona en diversas prácticas religiosas, más evidentes se hacen estas similitudes.

.

Capítulo 19: Equilibrio entre mente, cuerpo y espíritu

En muchos grupos, especialmente los rosacruces y los cristianos, los miembros no suelen citar sus textos con exactitud, sino más bien sus propias interpretaciones. Cuando se examina el contenido real de estos libros, a menudo se encuentran afirmaciones que son exactamente lo contrario de lo que afirman o que no tienen ninguna relación con el resto de sus afirmaciones. El problema radica en sus egos, convencidos de falsedades, que invierten demasiado en ellos. Como resultado, es casi imposible hacerles cambiar de opinión. Es más probable que pongan a otros en tu contra y busquen justificaciones para expulsarte del grupo, normalmente por razones ajenas a tu voluntad, como escribir demasiados libros o ser demasiado inteligente para aceptar sus bajos estándares éticos. Muchos de los llamados miembros más veteranos del rosacrucismo en Polonia muestran tal racismo y odio que cuestiono su presencia en la organización.

Este racismo se hace aún más evidente cuando se combina con la envidia, especialmente cuando surge de un deseo compulsivo y psicótico de ocultar una mentira que creen verdadera. La gente no cambia cuando se enfrenta a pruebas que demuestran que está equivocada. Por ejemplo, cuando las pruebas de ADN exoneraron a muchas personas encarceladas por error, policías, jueces y abogados lucharon por mantenerlas en prisión. Admitir sus errores no era una opción para ellos. He observado problemas similares en el ámbito de la educación. A pesar de los resultados positivos asociados a los métodos de enseñanza alternativos, nunca he conocido a un padre o profesor dispuesto a aprender y adoptar estos enfoques, principalmente porque contradicen las prácticas anticuadas que han seguido durante años. Aceptar estos nuevos métodos pondría en entredicho sus arraigadas creencias sobre el trabajo, el estudio, el aprendizaje y la inteligencia. Prefieren sacrificar el futuro de sus hijos antes que enfrentarse a sus egos.

Lo que he demostrado es que el aprendizaje es más eficaz cuando es divertido; así de sencillo. A muchas personas les cuesta aceptar esta verdad porque les obliga a enfrentarse a la realidad de que se han pasado toda la vida creyendo en una mentira: obedecer, sufrir, repetir y, sobre todo, no pensar nunca por sí mismos ni disfrutar con lo que hacen. Esta es la mentalidad que transmiten a sus hijos, perpetuando el ciclo durante décadas. Es descorazonador ver a tantos adultos viviendo vidas sin sentido porque no pueden enfrentarse a sus propios errores y egos y someten a sus hijos al mismo destino. Esta es la desafortunada realidad de la mayoría de la gente de este planeta y, por eso, la vida es tan difícil para la inmensa mayoría.

Cuando los conferenciantes sugieren «Ignora el ego y estarás bien», es como si pusieran una manta sobre la basura apestosa que han acumulado y fingieran que no existe. Esa basura les seguirá en su próxima reencarnación, se lo aseguro. Pero, ¿cómo no sentirse desmotivado cuando se está rodeado de mentiras? Siempre he sentido una enorme sensación de aburrimiento cuando he enseñado y en diversos grupos religiosos. En muchos de ellos, me sentía entumecido y débil, en lugar de lleno de energía. Era como estar en trance, practicando el arte del estancamiento y sintiéndome estúpido. Incluso una fiesta rave es más energizante. Después de asistir a reuniones religiosas, mi mente se adormece. Como mi cerebro es mi principal herramienta de escritura, no puedo producir un trabajo de calidad sin él.

Me paso días enteros leyendo y analizando información, por lo que mi experiencia directa me demuestra que la mayoría de la gente me asfixia intelectualmente con solo estar en la misma habitación. De hecho, una de las razones por las que empecé a escribir libros fue darme cuenta de que este planeta está lleno de individuos irracionales y que la mayor parte de la literatura perpetúa esta locura en lugar de abordarla. Por estas razones, no esperaba encontrar lectores capaces de entender mis textos en esta vida. Creía que, quizá dentro de tres mil años, alguien apreciaría mis libros y los utilizaría para promover cambios significativos en la sociedad.

Me sentí frustrado y deprimido durante mucho tiempo. Ahora, cuando me siento en una cafetería, disfruto de la frustración y la depresión de otras personas, asombrada de que no reconozcan quién soy, no lean mis libros y no les importe. A menudo escucho audiolibros con auriculares, y cuando se lo mencioné a algunas personas que conocí, se rieron como si relajarse con audiolibros fuera una idea estúpida, en lugar de una forma eficaz de adquirir conocimientos valiosos y ahorrar tiempo. Esto ilustra la ignorancia de muchas personas, que no solo están completamente desinformadas, sino que además rechazan sugerencias que podrían ayudarles a adquirir conocimientos de la forma más fácil posible: simplemente sin hacer nada. Consideran que este tiempo de inactividad es precioso y creen que debe preservarse solo para satisfacer sus egos delirantes y sus vidas miserables.

Por si fuera poco, hoy, mientras estaba sentado en una cafetería de Croacia escuchando un libro, alguien ha gritado: «¡Pentágono!». Miré al camarero, preguntándome si era una broma, y él continuó: «¿Trabaja usted para el Pentágono? ¿Por qué llevas auriculares y escribes en el móvil?».

Su nivel de ignorancia me dejó sin palabras. Eso es lo que hace la gente ignorante. Cada vez que se encuentran con algo que no se ajusta a su estrecha visión del mundo, lo analizan a través de la misma lente de la ignorancia, a menudo basándose en las películas que ven en la televisión, porque rara vez tienen algo más sustancial como fuente de información. Francamente, la mayoría de los adultos deberían limitarse a ver dibujos animados, ya que no tienen la madurez mental suficiente para entender películas más complejas. Ignoré a este individuo, que obviamente no tenía ni idea de que una persona puede escuchar un libro. Ese concepto no forma parte de su limitada realidad y probablemente ni siquiera se encuentre con él a menudo. La gente simplemente no lee libros. Me di cuenta de que era mejor guardar silencio y dejarle creer que yo tenía algún gran secreto que nunca descubriría, en lugar de contarle que el mayor secreto es que son profundamente ignorantes.

Capítulo 20: Pasos para la transmutación

La persona promedio parece demasiado inconsciente para apreciar algo valioso. En general, carecen de la conciencia necesaria para reconocer lo que es realmente valioso. En un mundo lleno de ignorancia, me encuentro a mí mismo siendo tachado de extraño por elegir escuchar libros en lugar de perder el tiempo mirando barcos en el océano como todo el mundo. La gente puede pensar que no me doy cuenta de su presencia cuando se sientan detrás de mí en una cafetería o pasan a mi lado mientras uso el portátil, pero siempre me pregunto qué esperan ver más allá de un simple texto o qué puede representar ese texto más allá de un libro. En Europa, muchos ciudadanos están demasiado desinformados como para reconocer a un autor y me he dado cuenta de que cuanto más ignorantes son, más distorsionada está su imaginación sobre lo que imaginan ver. A menudo me ven como un espía o un criminal. Algunos amigos me han preguntado: «¿Por qué te importa?». Me importa porque es frustrante presenciar este comportamiento a diario; es como estar en una jungla rodeado de monos salvajes.

Como mi cerebro funciona de forma diferente al de ellos, a menudo me encuentro con actitudes y reacciones inesperadas y poco razonables. Lo que digo a estas personas suele pasarles desapercibido, porque son demasiado ignorantes para distinguir la verdad de la mentira. A menudo, ni siquiera creen mi nombre. Me pregunto: ¿qué diferencia hace el nombre de una persona para alguien tan ignorante? ¿Cuánto creen que pueden ganar intentando determinar si un nombre es verdadero o falso? Si tuviera un nombre árabe, chino o africano, ¿haría alguna diferencia?

Cuando digo que la gente es profundamente ignorante, no exagero, solo observo. No hay justificación racional para este comportamiento. Aunque uno podría suponer que estos problemas se derivan del racismo y los prejuicios, en última instancia, reflejan ignorancia. Tratar con gente ignorante puede ser todo un reto; a menudo se ríen de tus mejores sugerencias, faltan al respeto a personas con más experiencia e insultan a los demás sin motivo aparente. Resulta especialmente sorprendente presenciar este comportamiento en grupos religiosos. En algunos casos, cuando mencionaba que era escritor, se reían como si fuera una broma o una mentira. Nadie se molestaba en preguntarme dónde podía encontrar mis libros; simplemente daban por sentado que no sabía nada. ¿Qué clase de espiritualidad es esa?

Solo noté un cambio en este comportamiento cuando me disponía a viajar, lo que sugiere que estos hipócritas que afirman que el dinero no es importante solo valoran los libros espirituales cuando el autor disfruta de un estilo de vida que envidian. Algunas personas me han invitado a tomar un café o a cenar antes de que abandone su país para saber más sobre mis escritos, y son las pocas que reconocen su insensatez. Pero nunca me han mostrado ningún respeto. Esto no ha ocurrido más de tres o cuatro veces en los últimos veinte años. La mayoría de la gente lee mis obras en secreto, sin decírmelo, o no quiere conocerme, aunque le gusten mis escritos.

Hay quienes leen mis libros, pero nunca me han conocido en persona, aunque vivan en la misma ciudad que yo. De vez en cuando, estos lectores me escriben y, cuando les invito a tomar un café, me rechazan. Sin embargo, siguen haciéndome preguntas sobre mis libros y mi vida. Quizá se sientan intimidados, pero ¿por qué? ¿No es absurdo enviar preguntas a alguien que vive cerca de mí? Si uno de mis autores favoritos me invitara a hablar, aceptaría inmediatamente, incluso antes de terminar el mensaje. Sin embargo, la mente humana sigue siendo extraordinariamente primitiva.

Todo el mundo tiene creencias; así es como el ego percibe la realidad. Sin embargo, pocos pueden ver cómo sus creencias limitan su experiencia de la realidad. La siguiente etapa, conocida como racionalidad, surge de la aceptación de estas experiencias. Sin embargo, todo el mundo tiene opiniones sobre cosas que ni siquiera se da cuenta de que son erróneas. La mayoría de la gente está literalmente cegada por su necesidad de validación. La verdad no es algo que puedan articular o comentar; no es real para ellos, aunque un autor esté dispuesto a comprometerse con ellos.

Cuando uno se despierta, la verdad se vuelve clara, pero su aplicación es relativa. Hay que aprender a buscar las distintas formas en que se manifiesta la verdad, porque en cada una de ellas se puede ver la terquedad y las limitaciones de la mente humana. Las personas tienen perspectivas diferentes, pero solo se ven a sí mismas a través de sus propias lentes. Cuando describen algo, lo filtran a través de su ego. Casi nadie tiene una relación directa con la realidad; sus percepciones están moldeadas por patrones que les han funcionado desde la infancia. Son el subproducto de sus experiencias vitales. Cuando sus creencias fallan, estos individuos luchan por adaptarse y enfrentarse a la muerte. Lo único que pueden hacer es aferrarse a los mismos patrones que seguían antes, aunque eso les lleve a la perdición.

Puede parecer extraordinario sugerir que los mayores líderes espirituales han hecho poco más que enseñar a la gente a comportarse de una manera más normal, utilizando el sentido común, pero esto solo se debe a que los seres humanos siguen siendo tan irracionales como siempre. En una civilización más avanzada, los influyentes espirituales de renombre serían vistos como personas corrientes con sentido común. Es una consecuencia inevitable que aquellos con sentido común tiendan a convertirse en líderes, simplemente porque las masas no lo entienden ni lo aplican.

No se puede hablar de ascensión o de despertar espiritual sin abordar la importancia del sentido común, porque la espiritualidad no puede existir sin él. Sin embargo, las masas están en un nivel espiritual tan bajo que no pueden reconocer a los que están en los niveles superiores; al contrario, los desprecian y ridiculizan. Solo respetan a aquellos que, a pesar de estar en un nivel espiritual igualmente bajo, ofrecen alternativas a la misma mentalidad. La mente necesita fracasar en el autoexamen antes de poder ascender a niveles superiores.

Capítulo 21: La naturaleza de la ignorancia humana

Quien no puede controlar sus deseos y, sin embargo, anhela un mundo de mayores placeres, es un necio. Lo mismo ocurre con quienes anhelan más amor, pero no pueden mostrar compasión. La mayoría de la gente está tan consumida por sus propias necesidades y su egoísmo que no puede satisfacer estos deseos naturales. Mientras tanto, las películas siguen propagando valores coherentes con estas mismas creencias. Como resultado, las masas, influidas por lo que ven en las pantallas de ordenador y en los televisores, tienen el cerebro tan lavado que viven en una ilusión perpetua.

Todos vamos en la misma dirección, pero a menudo confundimos esa dirección con la opinión pública. Una dirección común y una opinión común no son lo mismo. Si el camino apunta en una dirección, pero todo el mundo va en dirección contraria, está claro que van en la dirección equivocada. El camino correcto sigue siendo único e invariable, pero la mayoría lo rechaza.

Este fenómeno se produce cuando la gente asume que hay muchas opiniones y que la verdad es relativa, validada solo por la mayoría. A primera vista, puede parecer que todos somos diferentes, que vamos en direcciones distintas y que aprendemos unos de otros. Sin embargo, al ampliar tu comprensión de la verdad, empiezas a ver las cosas de otra manera y te das cuenta de que todo está interconectado, incluidos nuestros caminos espirituales. Esta interconexión incluye todas nuestras diferencias, colores y culturas, porque la cultura no es más que una ilusión. Cada persona no representa la tierra en la que nació; cada uno tiene un espíritu que se manifiesta en una zona determinada de esta vida, porque el espíritu necesita expresarse en algún lugar. Asimilas los valores de una cultura como aproximación inicial al mundo que te rodea, filtrando los valores y recuerdos que te llevan a tu estado actual. Sin embargo, decir que te define un determinado territorio es ilusorio, porque ese territorio no es una realidad fija. Cualquiera con suficiente poder (político, militar o de otro tipo) puede reclamar un territorio, llamarlo «república bananera» y, de repente, te conviertes en un «ciudadano bananero».

Además, si ciertas guerras las hubieran ganado facciones diferentes, el mapa del mundo sería muy distinto. Durante un breve periodo de tiempo, Europa estuvo a punto de ser totalmente alemana o totalmente rusa. Si las placas tectónicas partieran Europa por la mitad, si un volcán entrara en erupción y lo convirtiera todo en cenizas o si se detonara una bomba atómica en la región, la mayoría de los países desaparecerían en cuestión de segundos. Lo mismo ocurriría si continentes enteros fueran engullidos por el océano o si los polos del planeta se desplazaran.

Podría citar muchos otros ejemplos para ilustrar mi punto de vista, especialmente en relación con nuestra naturaleza nómada. Si observamos a la gente, veremos que todo el mundo está tan entrelazado con diferentes culturas de todo el mundo que identificarse como ciudadano de una nación concreta es como afirmar que una muestra aleatoria de tus antepasados define quién eres hoy. Es un disparate total, pero la gente se cree esta falacia. Este tipo de absurdo también impregna la forma en que la gente entiende la reencarnación. Muchos hablan de ella como si fuera un programa de televisión, pero no comprenden sus profundas implicaciones para la existencia humana.

Teniendo en cuenta que has nacido en muchos lugares, tu identidad está moldeada por muchas influencias culturales, no solo por una. Quizá te guste el curry, sepas comer con palillos sin instrucciones, tengas un deseo inexplicable de jugar con toros, pescar pirañas o asar tarántulas. Quizá quieras volver a ser pirata o cazar con arco y flecha. En cualquier caso, llevas contigo predisposiciones de tu pasado. Cuando era niño, por ejemplo, siempre hacía preguntas precisas a los médicos, tan incisivas que algunos se enfadaban. Comentaban que nunca nadie había cuestionado su integridad tan a fondo. A primera vista, parecía que les interrogaba un niño, pero en el fondo yo sabía que muchas de mis preguntas eran importantes, aunque no pudiera explicar por qué o cómo sabía qué preguntas hacer. Años más tarde, descubrí que en una vida anterior había sido un reputado médico. Mi capacidad para cuestionar y racionalizar las funciones del cuerpo y la curación seguía formando parte de mí.

Sin embargo, fui un mal estudiante y nací en un entorno desfavorable. Esto es algo que la gente no suele entender; suponen que si fuimos importantes en una vida, seguiremos siéndolo en la siguiente. ¿Alguna vez has intentado leer el mismo libro cinco veces o te has concentrado en tus estudios mientras luchabas por tener suficiente para comer? ¿O has pensado como alguien criado por padres cariñosos mientras estaba rodeado de narcisistas? Es increíblemente difícil; no puedes concentrarte y pierdes el interés por la lectura. ¿Y si no recuerdas que ya has leído los libros y simplemente te abruma la falta de interés? Este escenario se aplica a la mayoría de los estudiantes que han acumulado un conocimiento considerable en vidas anteriores, pero no lo manifiestan de una forma que sea reconocible para los demás.

Capítulo 22: El papel del conocimiento en el crecimiento espiritual

El creciente número de niños diagnosticados con TDAH (trastorno por déficit de atención e hiperactividad) refleja no solo una enfermedad mental, sino la necesidad de evolucionar en nuestra comprensión del aprendizaje y el comportamiento. Solo quienes experimentan por primera vez un sistema educativo monótono pueden apreciar plenamente su gran interés. Desgraciadamente, esta situación hace que muchas personas con un gran potencial se enfrenten a dificultades académicas, cuando podrían triunfar por vías alternativas. La capacidad de descubrir estos nuevos caminos y superar los obstáculos suele basarse en las experiencias y habilidades adquiridas en vidas pasadas.

La reencarnación también influye en nuestra composición genética, aunque en menor medida que la de nuestras familias biológicas. En consecuencia, nuestro potencial, tanto espiritual como físico, puede verse considerablemente moldeado por factores hereditarios e incluso disminuir. Por ejemplo, es mucho más difícil, aunque no imposible, que un niño nacido de padres desinformados y negligentes alcance un estado ideal. En cambio, otro niño puede prosperar a pesar de estar rodeado de hábitos poco saludables. Sin embargo, debido a una visión predominante de igualdad, gran parte de lo que se sabe sobre las influencias hereditarias permanece oculto en el discurso público.

Quizá el aspecto más intrigante de la reencarnación sea la noción de que a menudo nos reencarnamos en nuestros antiguos adversarios. Un racista puede renacer como una persona de color, un colonizador como un colonizado y un amo como un esclavo. Las limitaciones de la conciencia humana son tales que a menudo no necesitamos hablar explícitamente de la reencarnación para observar sus efectos. Basta con prestar atención a las dualidades y a cómo facilitan nuestra trascendencia a través del conocimiento, la perspectiva y el amor propio.

Además, comprender las leyes del karma nos permite visualizar cómo los individuos conservan predisposiciones de vidas anteriores y con qué fuerza se aferran a estas características. Por ejemplo, una persona que desprecia su vida puede quedar tan absorta en sentimientos de odio que ignore las oportunidades de cambio que le ofrece la vida: un escritor que podría ofrecerle orientación, un libro en una estantería que podría inspirarle o un trabajo que descarta por considerarlo indigno, ya sea debido a su inadecuada remuneración o ubicación. Estas oportunidades suelen ser ignoradas por quienes se obstinan en repetir patrones kármicos.

A veces la ignorancia es tan flagrante que nos preguntamos por qué la gente no la ve. Esto es evidente en los lituanos que aún temen a los rusos y les critican por invasiones pasadas, o en los brasileños que condenan la colonización portuguesa de hace siglos, aunque tengan apellidos que se remontan a sus antepasados. En esencia, expresan odio hacia sus propios antepasados, actuando como si fueran otros los que hubieran atacado a su nación. En realidad, su conexión con la tierra es tenue, ya que nacieron allí después de que un antepasado se estableciera en la zona.

Aunque este concepto no es difícil de entender, es donde muchos racistas y nacionalistas se equivocan. Resulta casi irónico ver a una persona que parece ser totalmente sueca expresar orgullo por Inglaterra, cuando sus antepasados probablemente contribuyeron al sufrimiento de muchas de estas personas al permitirles nacer allí siglos después. Esta contradicción plantea interrogantes sobre lo que ven estos individuos cuando se miran en el espejo y por qué los norteamericanos creen tener más derechos que los pueblos indígenas que han habitado la tierra durante mucho más tiempo. Muchas personas son tan inconscientes que no pueden ver estas verdades ni verse a sí mismas como realmente son. Esto demuestra lo profundamente dormida que está la mayoría de la gente. Lo mismo puede decirse de muchos racistas que creen erróneamente que su color de piel les distingue de las personas con la piel más oscura, sin darse cuenta de que sus propios antepasados probablemente tenían la piel más oscura y de que los cambios en el color de la piel se produjeron a lo largo de las generaciones debido a las migraciones.

La ciencia ha explicado en gran medida este fenómeno, incluso mediante análisis de ADN. Sin embargo, es difícil erradicar la ignorancia; lo mejor que podemos hacer es demostrar que los racistas representan el nivel más bajo de la humanidad, los más retrasados intelectualmente de entre nosotros. Es lamentable que muchos de estos racistas residan en países que les dan un poder y una riqueza relativos, lo que les permite influir en la política mundial. El racismo debería ser una reliquia del pasado, no un componente de las agendas políticas contemporáneas, como presenciamos en Polonia en el siglo XXI.

Además, debemos tener en cuenta a los muchos individuos nacidos de violaciones y engaños, una cuestión a menudo ignorada en los libros de historia y en los certificados de nacimiento. Esta realidad contribuye a la diversidad genética y al mestizaje, haciendo aún más complejas las nociones de pertenencia. Un solo encuentro, ya sea un fugaz momento de pasión o un acto de violencia, puede desestabilizar cualquier teoría sobre la ascendencia o la identidad de alguien. Además, estudios contemporáneos indican que un porcentaje significativo de niños son fruto de encuentros sexuales casuales.

Un estudio de la Asociación Americana de Bancos de Sangre (AABB) reveló que aproximadamente el 30 % de los hombres que solicitaron pruebas de paternidad descubrieron que no eran los padres biológicos de los niños que estaban criando. Sin embargo, este estudio se centró en un grupo específico de hombres que tenían motivos para dudar de su paternidad, lo que sugiere que el porcentaje real en la población general puede ser mayor. La obsesión de algunos hombres estadounidenses por la segregación y el racismo puede tener su origen en un síndrome psicológico relacionado con la incertidumbre sobre su linaje paterno. La vergüenza suele engendrar ira, discriminación, segregación y racismo, un patrón evidente a lo largo de la historia del país. Desde la época colonial hasta mediados del siglo XX, muchos estados aplicaron leyes contra el mestizaje para mantener la segregación y la supremacía blanca.

Hoy en día, según los Centros para el Control y la Prevención de Enfermedades (CDC), aproximadamente el 40 % de todos los nacimientos en Estados Unidos son de madres solteras. Esta estadística sugiere que muchos hombres pueden no entender del todo sus relaciones familiares. Resulta irónico observar cómo algunos hombres se obsesionan con las divisiones raciales, clasificando a las personas en blancas, amarillas, negras o morenas, como si se tratara de un trauma infantil. Quienes se obsesionan con las distinciones raciales suelen estar desconectados de la realidad. Esta misma locura es cada vez más evidente en Europa, donde a menudo se juzga e insulta a la gente por el color de su piel. Parece que ciertas regiones del mundo están retrocediendo en lugar de progresar.

Capítulo 23: Los peligros de la apatía

E ntre los obsesionados con la ascendencia, los ciudadanos estadounidenses suelen resultar especialmente graciosos. ¿Cómo puede una estadounidense reclamar ascendencia italiana si desconoce los orígenes de la mayor parte de su familia? En el mejor de los casos, podría proceder de familias italianas menos prestigiosas, que incluso a los propios italianos les daría vergüenza reconocer. Si uno no fuera un delincuente, estuviera extremadamente pobre o, al menos, fuera un disidente político, habría poca motivación para trasladarse a un país donde la gente parece en general irracional y lucha por sobrevivir de todas las formas posibles, con un transporte público mínimo, sin sanidad universal, una seguridad social limitada y sin cohesión social. Incluso hoy en día, Estados Unidos puede considerarse una broma. Si no fuera por los innumerables acuerdos corruptos, las guerras y el estatus del dólar como moneda de transacción mundial, Estados Unidos —el país de los delincuentes libres y la apropiación cultural— ya habría desaparecido. En mis encuentros con muchos estadounidenses de todo el mundo, observo a menudo un nivel de arrogancia y racismo que recuerda a la ideología nazi. Por desgracia, salvo contadas excepciones, se trata de algunas de las personas más ignorantes y prejuiciosas que he conocido.

La idea de que pertenecemos a una tribu, nación o cultura es completamente absurda por todas estas razones. Puede que la humanidad tarde miles de años en darse cuenta de este disparate, igual que hoy nos reímos de las creencias del pasado, como la creencia en brujas y dragones. Por ejemplo, cuando menciono que soy medio chino, la gente suele reírse y no entiende lo que quiero decir. Entonces me doy cuenta de que me estoy comunicando con personas que solo analizan la realidad desde su propia perspectiva limitada. Incluso cuando afirmo mi identidad europea, a menudo no puedo entender por qué, en su opinión, no soy lo bastante «blanco» para ser considerado europeo. Esta situación se vuelve aún más preocupante cuando me encuentro con personas que pertenecen a grupos religiosos. Es descorazonador ser testigo del racismo entre quienes creen que Jesús era blanco. A menudo me pregunto cuántos cristianos desaparecerían si Jesús volviera como una persona negra.

Consideremos ahora el concepto de cambiar de nacionalidad. Una persona puede renunciar a su nacionalidad de nacimiento a cambio de otra, convirtiéndose de hecho en algo distinto de su identidad cultural original. ¿Qué ocurre con un niño nacido en China de padres franceses y rusos? ¿Cuál sería su nacionalidad? ¿China? Según el Gobierno chino, no. La nacionalidad del niño debe ser elegida por sus padres, aunque ellos nunca hayan nacido en Rusia o Francia. Esta determinación se hace de forma completamente arbitraria.

Esta historia es importante porque iremos viendo más casos como este a medida que aumenten los viajes por todo el mundo y personas de distintas naciones formen familias. Sería fascinante ver crecer a este niño hasta convertirse en un hombre que se identifica como chino, pero que tiene una mezcla de rasgos rusos y franceses. En el futuro, veremos muchos portugueses y españoles que parecen completamente asiáticos, así como muchos asiáticos que parecen estadounidenses. A menudo me paran en los aeropuertos porque nadie cree que sea europea. Esto refleja el nivel de absurdo que impera. He asimilado valores de tantas culturas que reclamar lealtad a un solo país es como intentar meterse un elefante en el bolsillo. Ni siquiera me identifico como europeo; cuanto más viajo por Europa, más inclinado me siento a abandonar el continente. Sencillamente, no me identifico con el continente, ni con sus gentes, ni con sus valores. Es humillante considerarme europeo solo por haber nacido aquí, como si mi nacionalidad fuera una enfermedad incurable.

Aunque mucha gente sigue aferrándose a la idea de que uno pertenece a un lugar donde su aspecto coincide con los estereotipos de una nacionalidad concreta, esta ignorancia acabará desapareciendo a medida que evolucionemos. Aunque me resulte difícil entablar conversaciones con quienes están tan ciegos a la realidad, mucha gente cree saberlo todo sobre mí basándose únicamente en el color de mi piel y mi país de nacimiento. Es asombroso. El nivel de absurdo es siempre impresionante. Quizá la experiencia más surrealista de mi vida fue cuando unos lituanos compartían sus opiniones sobre la gente de la India y otros países, a pesar de que nunca habían visitado esos lugares, mientras que yo había pasado varios meses allí. ¿Cómo puedo discutir con alguien que menosprecia mi experiencia de primera mano, creyendo que su opinión desinformada tiene más peso?

Por eso digo que los lituanos son de las personas más ignorantes que he conocido, aunque muchos estadounidenses suelen rivalizar con ellos en este aspecto. Algunos estadounidenses son tan ignorantes que me dejan sin palabras.

Capítulo 24: La ilusión de la libertad

P odría perdonar la ignorancia en determinadas circunstancias, pero ¿cómo se explica la absoluta estupidez de personas que tienen el mundo entero al alcance de la mano, con fotos y vídeos, y aun así insisten en hacer afirmaciones que son fácilmente refutables? Tienen la información justo delante, pero no pueden verla, lo que les lleva a decir tonterías. Es surrealista. En un mundo en el que todas las personas irracionales no se dan cuenta de su propia locura, es fácil fingir que se es normal. Cuando despiertas a verdades más profundas, la gente suele sentirse incómoda a tu alrededor porque puedes ver lo que ellos no ven, y eso puede asustar.

En esta etapa de mi vida, la gente no solo tiende a evitarme por mis conocimientos, sino que, si permanecen en mi presencia el tiempo suficiente, a menudo acaban llorando. Cargan con tantos traumas que incluso un pequeño estímulo puede hacerles llorar. La gente está desesperada por ser feliz, pero busca la felicidad en lugares equivocados, lo que dificulta encontrar la alegría cuando no entienden lo que realmente es. En su lugar, leen libros escritos por autores delirantes pero egoístas, en busca de la validación de sus propias creencias erróneas.

Dado que la mayor parte del planeta parece estar en un estado de locura, cuando examinamos lo mejor que la psicología tiene que ofrecer, encontramos estudios que generalmente reflejan el sentido común. Este campo sigue siendo increíblemente primitivo en comparación con las ideas que comparto, así que no espero que aquellos que están profundamente atrincherados en sus delirios entiendan mis escritos. Primero deben aprender a pensar de forma crítica y las personas que tienen dificultades con el razonamiento básico no entenderán patrones de pensamiento complejos. Algunos lectores han expresado que se han emocionado, se han enfadado o incluso se han puesto furiosos antes de darse cuenta de que yo tenía razón y de que albergaban muchas creencias falsas y traumas reprimidos.

Reconocer estas verdades es difícil porque las personas son fundamentalmente seres emocionales antes que racionales. Sus creencias están moldeadas por aquellas personas a quienes quieren y en quienes confían, por lo que les resulta difícil darse cuenta de que estas personas no siempre tienen en cuenta nuestros intereses y puede que no entiendan realmente lo que dicen. Muchas de las cosas que sé pueden resultar muy confusas al principio, sobre todo para quienes han nacido en un mundo de mentiras. Muchas de las cosas que crees que son verdad simplemente no lo son, y puede ser doloroso ver cómo toda tu identidad se desmorona ante la realidad.

Siempre que estoy en un grupo, los individuos más problemáticos suelen revelarse antes incluso de que yo hable o reaccionan negativamente a mis comentarios normales, como si buscaran el conflicto porque mi presencia les molesta. Mi energía positiva puede hacerles sentir inferiores y reflejar su verdadera condición tras sus máscaras sociales. Estos individuos son conscientes de su egoísmo, malicia y pensamientos suicidas, pero temen ser descubiertos más de lo que desean recibir ayuda. En consecuencia, se esfuerzan por distanciarse de los demás para mantener sus máscaras.

La gente es tan ingenua que no entiende esta dinámica; cree que todo el mundo es igual y que el amor puede unirnos bajo un arco iris. Sin embargo, muchas personas tienen la mente desorganizada, son deshonestas y tienen una visión distorsionada de la vida. Por eso, cuando me mudo a una nueva ciudad o país, no pienso demasiado antes de tomar una decisión. Me dejo llevar por la corriente, sin esperar nada extraordinario.

Mucha gente tiene la ilusoria creencia de que puede planificar su propia vida, lo cual me sorprende porque es literalmente imposible a menos que estés en un nivel de conciencia muy bajo. Tendrías que estar completamente dormido para creer que controlas todo lo que te rodea y que tus elecciones siempre se manifiestan exactamente como deseas. Soy plenamente consciente de que no lo controlo todo, así que simplifico mi vida todo lo posible. Eso no significa que cualquiera pueda aprender a pensar como yo. Muchas personas han intentado leer mis libros y se han quejado de la enorme cantidad de información que presento, llegando incluso a tener pesadillas. La mayoría de la gente no solo permanece dormida, sino que suprime la realidad para poder hacer frente a su entorno.

La gente suele expresar su deseo de soluciones, información y verdades mayores, pero ¿qué significa eso realmente si no pueden absorber nada de ello? Aquí es donde la meditación y las teorías del no-pensamiento resultan útiles. Muchos se sienten atraídos por teorías simplistas que les animan a fingir que la realidad no es real y que no pasará nada si simplemente la ignoran. Sin embargo, eres más moldeado por lo que absorbes y, cuanto más comprendas tu verdadera naturaleza, menos te sentirás obligado a volver a ser quien eras antes. No tiene sentido seguir evolucionando como ser humano si no buscas rodearte de gente y sumergirte en culturas que te ayuden a crecer hacia tus objetivos vitales. Por el contrario, es esencial absorber todo lo posible de estos entornos enriquecedores.

Capítulo 25: La complejidad de la naturaleza humana

A medida que envejezco, descubro que escuchar a los pájaros por la mañana, dormir bien por la noche, disfrutar de un amplio balcón con el sol en la cara y tomar un café diario frente a la playa se acercan a lo que definiría como felicidad absoluta. Ya no me quejo del trabajo, porque me encanta lo que hago. No puedo imaginar una vida sin escribir libros, componer música y hablar con otras personas sobre las complejidades de la vida.

Hubo un tiempo en que pensé que podría ser feliz viviendo con una mujer guapa y teniendo una familia, aunque no fuera muy inteligente. Sin embargo, después de vivir con muchas mujeres hermosas, me di cuenta de que estaba siendo deshonesto conmigo mismo. Lo que realmente quería era alguien que me respetara. La soledad solo parece insoportable cuando se compara con la compañía. Puede ser abrumadora cuando pienso en las personas que quiero, cuando me siento desmotivado para trabajar o cuando estoy malo. Sin embargo, cuando me dedico a algo que me apasiona, la soledad desaparece. En este nivel de felicidad, la única forma de evitar la soledad es trabajar con alguien que comparta mis pasiones, pero he descubierto que la mayoría de la gente simplemente no está interesada en hacer un trabajo similar.

Muchas personas están tan atrincheradas en la idea de vivir una vida que desprecian la perspectiva de vivir una vida que les guste. Eso les confunde. Se vuelven perezosos, empiezan a ver la televisión y a escuchar música con más frecuencia y, finalmente, pierden el interés por la vida misma. El concepto de amar la vida es ajeno a la mayoría de la gente, que lo equipara erróneamente con la ociosidad. En estas circunstancias, me encuentro en un dilema. Aunque defiendo el amor, no defiendo el amor ciego. El amor no consiste solo en que dos personas vivan juntas y compartan las comidas, pero para muchos en este planeta, especialmente para los que tienen bajos niveles de conciencia, se reduce solo a eso. ¡Qué pena! Pasan toda su existencia creyendo que necesitan un cuerpo caliente a su lado para sentirse vivos.

Aunque a menudo es preferible tener compañía, he aprendido que es mejor estar solo que con alguien que no es feliz. Hoy en día se habla mucho de positividad, pero muchos albergan un profundo odio. Aun así, quiero creer que hay esperanza, de lo contrario no habría escrito tantos libros.

Quizá el aspecto más sorprendente de la naturaleza humana sea el hecho de que la gente no te respetará, no importa lo que hagas por ellos o el tiempo que lo hagas. Da igual si mejoras su posición en la comunidad, salvas sus vidas o corriges errores que se han cometido durante décadas: sencillamente, no les importa. Te sacarán lo que puedan y luego te ignorarán como si nunca hubieras existido. Al principio me sorprendió observar esta actitud en quienes consideraba amigos, pero pronto la reconocí en todas partes, en todas las culturas, religiones y países. Es increíble que, aunque le salves la vida a alguien literalmente, puede que no te lo agradezca. En cambio, puede que te desprecien, quizá porque se sienten mejor muertos.

Mis alumnos han ganado todos los concursos a los que se han presentado, incluidos los nacionales, lo cual es un logro importante en el contexto chino. Otros han creado empresas basadas en ideas que les ayudé a desarrollar. Algunos fueron aceptados en prestigiosas universidades estadounidenses gracias a las cartas de recomendación que escribí, no por sus calificaciones, que a menudo eran poco impresionantes, sino por mi aval. Sin embargo, me olvidan con la misma facilidad que si nunca hubiera formado parte de sus vidas. Cuando cuento estas historias, la gente me pide que les envíe esas cartas, pero ninguno me expresa su gratitud ni se ofrece a acogerme si visito su país. Me asombra lo egocéntrica y egoísta que puede llegar a ser la gente, y a menudo me pregunto cómo puede caber tanta ignorancia en una sola mente.

Estas mismas personas se sorprenden cuando no respondo a sus mensajes. No ven nada malo en su comportamiento y creen que la vida es una competición para ver quién puede adquirir más y ser más importante. Luego se preguntan por qué me siento irrespetado por estas actitudes. No son comportamientos humanos normales; son comportamientos enfermos, peores que las enfermedades infecciosas. Puedes protegerte de un virus, pero no de una persona viva que intenta explotarte constantemente, haciéndote preguntas sobre tu vida y tu trabajo, mientras intenta obtener algo a cambio. Es como vivir con un monstruo.

La gente puede fingir amistad muy bien y durante mucho tiempo, hasta que consiguen lo que quieren, como si yo fuera un trozo de carne más para consumir. Este fue el caso de algunos alumnos que, después de que yo revisara completamente sus textos, ganaron el primer puesto en concursos nacionales de oratoria. Después de sus victorias, no volví a verlos. Lo mismo ocurrió con los que consiguieron el trabajo de sus sueños —puestos que nunca pensaron que podrían alcanzar— simplemente siguiendo mis estrategias. Me refiero a los estudiantes que consiguieron trabajo en equipos de fútbol a pesar de tener solo un título universitario en idiomas, o a los que se convirtieron en directivos de algunas de las mayores empresas de China.

Para muchos de estos estudiantes, yo fui también su único profesor de kung fu, y aprendieron más sobre artes marciales conmigo que con cualquier otra persona en China. Increíble, ¿verdad? Pero lo realmente increíble es que muchas de estas personas abrazaron la ideología comunista y, en algunos casos, me dijeron que yo no entendía su país ni su cultura. Bueno, sé lo suficiente para ayudarles a ganar y hacer realidad sus sueños, ¿pero no sé lo suficiente para criticar su sociedad, su política o su cultura? Esta actitud es increíblemente egoísta, pero ¿qué otra cosa se puede esperar de personas egocéntricas? No pueden ver lo evidente: lo mucho que he contribuido a su futuro como seres humanos, mucho más allá de lo que he recibido en compensación, arriesgando mi propio trabajo e incluso mi vida.

Capítulo 26: La búsqueda de la felicidad

No apoyo el comunismo, la colonización forzosa de territorios, la censura gubernamental, la persecución política ni la opresión de las minorías. Durante mi estancia en China, toleré muchas cosas, como que los comunistas espiaran mis clases y las grabaran durante años o que enviaran a estudiantes con micrófonos para hacer preguntas incriminatorias y encontrar un motivo para arrestarme. No encontraron nada, y nunca lo harían, pero mi paciencia tiene un límite y finalmente abandoné el país. Sin embargo, lo que encontré en Europa no fue muy diferente y, a menudo, fue peor.

En China, la gente tiene miedo del gobierno, pero cuando se reúnen, discuten abiertamente sus pensamientos y comparten sus opiniones. En cambio, en Europa y en Estados Unidos, la gente critica abiertamente al gobierno, pero se censura constantemente a sí misma y a los demás por miedo a pensar diferente o a aceptar opiniones contrarias. Así que hay poca diferencia entre alguien oprimido por la tiranía y alguien que se oprime a sí mismo; uno tiene su alma oprimida por una fuerza externa, mientras que el otro oprime su propia alma voluntariamente.

Cuando una persona oprimida por fuerzas externas cambia su entorno, normalmente también cambia ella misma. Por otra parte, la persona que se oprime a sí misma lleva consigo la fuente de su opresión a dondequiera que vaya. Cuando se enfrenta a la opresión externa, puede sentir una sensación de alivio, como si ya no necesitara estar tan pendiente de sus pensamientos y sentimientos. En consecuencia, las personas que aprenden a oprimirse a sí mismas y a los demás también pueden desarrollar una afinidad con los sistemas tiránicos. Carecen de la inteligencia necesaria para ver la diferencia y creen erróneamente que están siendo sabios al amoldarse a la multitud, cuando en realidad no se amoldan a su propia voluntad, sino que actúan por miedo al rechazo y la discriminación.

Al final, lo que se considera «correcto» suele dictarlo la multitud: lo que las ovejas siguen, leen y creen. Pero estas ovejas son orgullosas. Da igual si es un pueblo o país el que hace estas cosas. No creo en países, fronteras, razas o banderas. Creo en el derecho a pensar y expresarse libremente, pero no he encontrado un solo lugar en el mundo donde esto pueda hacerse sin la amenaza de la violencia o el ostracismo. Por eso, la opresión y la libertad no pueden coexistir. Una debe dejar de existir para que florezca la otra. El racismo debe desaparecer para que pueda considerarse realmente la libertad de expresión. Las fronteras y las banderas deben desaparecer para que podamos apreciar el concepto de aprender de nuestras diferencias, sean culturales o no.

No hay libertad si temes ser ridiculizado por tus opiniones o te limitas a leer solo libros escritos por personas de una raza concreta. La libertad pierde su significado mientras te juzguen por tu lugar de nacimiento. Estas son características de la esclavitud moderna que las masas no pueden reconocer porque la han interiorizado en su identidad. No pueden imaginar la vida sin estas restricciones y consideran locos a quienes no se ajustan a estos estándares. La misma mentalidad prevalecería si los gobiernos aumentaran este estado de esclavitud, por ejemplo, exigiendo la inyección de nanotecnología en el cuerpo de las personas. De hecho, esto ya ha empezado a suceder.

Irónicamente, a pesar de los innumerables abusos cometidos por los gobiernos y por la sociedad en su conjunto, la gente se ofende con facilidad y se enfada cuando se le corrige. A menudo sienten que no existen sin los programas que corren por sus cabezas. Recuerdo un caso en el que un hombre de Estados Unidos estaba sentado a mi lado soltando ideas absurdas sobre el dinero, la libertad y la política. Cuando le corregí, estuvo de acuerdo con mis argumentos, que eran claramente más válidos que los suyos. Sin embargo, después de ese momento, empezó a evitarme. Es interesante que este hombre esté impulsado por su ego y busque cualquier forma de atención. Como la mayor parte de la sociedad carece de pensamiento crítico, a menudo le invitan a dar discursos públicos y entrevistas. Me he dado cuenta de que siempre está de actualidad, ya sea en la televisión, en la radio, en pódcast o en conferencias.

Esta situación es fascinante porque todo lo que dice es fundamentalmente estúpido. Es incapaz de rebatir las opiniones de los demás o de aportar valor a sus vidas, por eso tanta gente se siente cómoda con su presencia y cree que su forma de ayudar es más significativa que la que podría ofrecer alguien como yo. Cuando observo este fenómeno en mucha gente, me pregunto qué hace que cientos de personas se reúnan en un mismo lugar para escucharse unos a otros hablar de asuntos triviales mientras fingen estar involucrados en algo importante. Luego miro las fotos que se hacen juntos, hinchando el pecho como pájaros en época de celo, y me doy cuenta de que todos lo hacen por sí mismos.

Capítulo 27: La disciplina como vía de crecimiento

La gente se reúne no para escuchar o aprender de los demás, sino para sentirse importante. Solo pueden conseguir esta sensación de importancia fingiendo serlo, porque normalmente no tienen nada significativo que decir. Con una visión limitada de sí mismos y de su existencia, suponen que fingiendo en un grupo más grande, en realidad se volverán más importantes a los ojos de la sociedad. Todo es un juego de apariencias, una ilusión compartida pero viciada. Cuando otras personas participan en la misma farsa, refuerzan mutuamente su imagen delirante de sí mismos, inflando sus egos con nada más que aire caliente.

Nunca he entendido por qué tanta gente quiere escribir libros cuando no tienen nada sustancial que decir ni interés en compartir información importante con el mundo. Sin embargo, cuando empecé a atar cabos y a observar el comportamiento de estas personas en diversos entornos, lo vi claro: todos están jugando con sus egos. Podemos compararlos con globos. Si un globo estuviera vivo, podría creer que su tamaño lo hace más importante que los demás, aunque su tamaño no sea más que un reflejo del aire que lleva dentro. Así es como las personas se perciben a sí mismas y a los demás. Están tan obsesionados con sentirse importantes que, en lugar de mejorar leyendo y acumulando conocimientos, encuentran formas de inflar su propio vacío. Intentan conocer a personas influyentes, asistir a reuniones con políticos y aparecer en las noticias para demostrar lo llenos que están de sí mismos.

Solo alguien igual de vacío no puede ver que estas personas están llenas de aire caliente. En mi presencia, se enfrentan a los afilados cuchillos de la verdad, lo que naturalmente les hace temer que su ego se haga añicos. He visto a algunas de estas personas enfadarse conmigo simplemente porque les he preguntado si estaban contentas con sus vidas. Al principio, se lanzan a un discurso sobre cosas superficiales que les hacen sentirse importantes frente a los demás. A medida que avanza la conversación, su tono se vuelve más agresivo y acaban recurriendo al insulto. ¡Lo único que hice fue preguntarles si eran felices! ¡Eso es como una espada afilada para ellos! Pero, sinceramente, me da igual. Lo que me importa es cómo se sienten consigo mismos y, de un modo u otro, siempre me dan las respuestas que quiero oír. Sin embargo, los obsesionados con su ego no tienen ni idea de que no me importan. Se confunden con mis preguntas simplemente porque nunca se han tomado el tiempo de reflexionar sobre sus propios pensamientos.

La gente está tan consumida por la necesidad de sentirse importante que nunca racionaliza sus propios pensamientos. No tienen ninguna forma de metacognición sobre sus acciones y a menudo ni siquiera saben lo que eso significa. Para muchos, su identidad solo se define por el reflejo que tienen a los ojos de los demás. Si los demás les perciben como importantes, entonces eso es lo que creen que son, independientemente de si esa importancia es una ilusión. La presencia de alguien como yo en esos ambientes causa incomodidad, por sencillas que sean mis preguntas. Sin embargo, todos quieren ser mis amigos cuando se enteran de que escribo libros, porque lo ven como una oportunidad para inflar sus egos. He observado comportamientos similares en muchos otros casos de fama, así que entiendo lo que significa.

Cuando era un DJ famoso, mucha gente quería conocerme en persona, aunque no les gustara el tipo de música que pinchaba. Es fascinante ver hasta dónde llega la gente para asociarse con alguien a quien no respeta realmente, todo con tal de inflar su propio ego. Incluso los cristianos tienden a adoptar este comportamiento, lo que me desconcertó durante mucho tiempo porque quería creer que su moralidad era superior y no solo una fachada. De las muchas personas que afirman conocer a un escritor famoso y se enorgullecen de esta asociación, alrededor del uno por ciento o menos leerán realmente mis libros.

La psicosis que observamos en la sociedad se manifiesta en las asociaciones que hace la gente, en las actividades que lleva a cabo para validar su existencia y en sus nociones de nacionalidad. Por si no quedara claro con los comportamientos descritos, habría que ser un psicótico profundo para creer que una bandera define el carácter de alguien. Ninguna persona en su sano juicio estaría orgullosa de un pedazo de tierra o de una bandera, independientemente de la riqueza o la pobreza de la nación. Sin embargo, una persona debe estar mentalmente enferma o ser extremadamente ignorante para apoyar a gobiernos opresores.

Antes considerábamos irracionales a los chinos por su amor al régimen comunista, hasta que vimos a los europeos clamar por leyes totalitarias durante la pandemia del coronavirus, exigiendo literalmente que se desterrara de la sociedad a las personas no vacunadas. No hay nada más loco que eso, sobre todo si tenemos en cuenta los peligros ocultos asociados a estas vacunas. En ese momento, nos dimos cuenta de lo que es capaz el ser humano y de que el nazismo no es solo una reliquia del pasado. Los europeos son hoy tan rápidos para condenar a los demás como lo eran hace siglos.

Capítulo 28: Comprender la realidad

S i alguien cree que soy más inteligente que cualquier otra persona que haya conocido, no debería esperar que apoye ideologías equivocadas como el comunismo, el socialismo, el nacionalismo o cualquier otra forma de «ismo» que niegue la libertad individual. En gran medida, la democracia a menudo pervierte la libertad porque, como decía Osho, la gente es «retrasada». Para muchos, la libertad es un concepto extraño porque carecen de carácter. Su identidad es una farsa, una burla, una fachada ilusoria que presentan a los demás para ocultar su vacío, su falta de valor como seres humanos y su falta de empatía por los demás. Hay que tener carácter antes de poder hablar de libertad, y el carácter se construye a través de valores asimilados y compartidos. Sin valores asimilados, no eres más que un globo lleno de aire. Sin valores compartidos, no se aprende a desarrollar el carácter.

Muchas personas no entienden la diferencia entre un personaje público y un bien público, entre una persona humilde y una persona débil, entre alguien que ayuda a los demás y alguien con baja autoestima, entre una persona espiritual y alguien que lo tolera todo. Tampoco pueden distinguir entre la miseria que experimentan y la miseria que crean. Leen sobre la verdad, pero no ven nada; descuidan e ignoran las oportunidades que se les presentan, confundiendo la nada con la realidad. Estos individuos confunden su identidad con el mundo material y son incapaces de ser algo más que meros objetos, porque creen que ser un objeto es ser algo. En consecuencia, no son nada. La mayor parte de lo que llaman «real» es una nada compartida que llena el vacío que tanto aprecian.

Siento un gran respeto por la cultura y la historia chinas. Muchas de las personas más extraordinarias que he conocido en mi vida son chinas, y algunos de mis mejores amigos de hoy son chinos. He aprendido mucho de la cultura china, he ayudado a empresarios chinos e incluso he cambiado aspectos de mi personalidad gracias a los cientos de amigos chinos que tuve cuando vivía en China. Probablemente tuve más amigos chinos que ningún otro extranjero que conocí allí, e incluso consideré la posibilidad de casarme con más de una mujer china. Sin embargo, desprecio completamente a los comunistas y en China todavía no he conocido a un solo comunista cuya personalidad sea digna de respeto. El comunismo es una enfermedad terrible que siempre va acompañada de xenofobia, racismo, supresión de las artes, libertad de expresión, pensamiento, discriminación, invasión de la intimidad y un cruel ataque a la libertad religiosa, la ética y la moral. En esencia, el comunismo es un virus creado y promovido por individuos muy enfermos.

El socialismo no es diferente, ya que es un precursor del comunismo. En general, los europeos adoptan el socialismo porque Europa está sumida en una mentalidad medieval, según la cual la igualdad es superior a la individualidad, aunque ello signifique ser quemado en la hoguera o decapitado por falsos cargos. Históricamente, los europeos han aprendido a temer pensar diferente o pensar demasiado. Sin embargo, cuando se atrincheran en mentalidades socialistas y comunistas, tienden a ignorar los derechos de las naciones más pequeñas o débiles. Por eso, el resto del mundo presta poca atención a regiones como Taiwán, Xinjiang y Hong Kong, a pesar del número de personas que han muerto o siguen muriendo protestando por su independencia en estas zonas.

Es interesante observar que esta necesidad de independencia también lleva a muchos individuos con una comprensión más clara de sus valores a trasladarse a otros países, promoviendo y preservando así lo que se reprime. Hoy en día, hay más cultura china en Taiwán, Singapur y Malasia que en la China continental. Los chinos que han permanecido en China continental son, por lo general, los más pobres, los más débiles, los menos educados y los más corruptos, no los más hábiles, los más sabios o los más ricos. Lo mismo ocurre en el continente europeo. De hecho, cuanto más importante es la historia de una nación, más probable es que haya ignorancia en ese territorio. Por eso, los portugueses, italianos y españoles de hoy parecen mucho menos capaces que sus antepasados, mientras que los países considerados históricamente como habitados por gente menos inteligente parecen desarrollarse hoy más rápidamente.

Esta transición en la capacidad intelectual siempre ha existido y continúa en la actualidad. Sin las aportaciones intelectuales de los indios, iraníes y chinos que emigraron a Estados Unidos y Canadá, estas naciones no serían tan poderosas como lo son hoy. Los mejores practicantes de la medicina tradicional china viven ahora en Canadá, y los eruditos de élite de la antigua China viven en Taiwán, no en la China continental, donde también son perseguidos.

Todos los hombres de negocios prominentes o las familias ricas de China saben que su posición se ve amenazada a diario y que podrían perderlo todo por culpa de mentiras. Muchos de ellos tienen tarjetas de residencia estadounidenses y jets privados listos para despegar en caso de emergencia, como la caída del régimen comunista. Los sabios reconocen estos principios universales e intemporales y no se apegan a ninguna nación en particular. Si pudieran, comprarían tierras en otros planetas y encontrarían la manera de llegar allí rápidamente.

Capítulo 29: La importancia de la autorreflexión

P odemos decir que Elon Musk es un genio a la hora de identificar las oportunidades de negocio más lucrativas y hacerlas prosperar. Sin embargo, su genialidad solo es tan válida como la cantidad de dinero que las familias más ricas del mundo estén dispuestas a invertir en sus planes. El coste de tales empresas siempre favorecerá a los más ricos. Históricamente, los más pobres siempre han sido los últimos en moverse.

No obstante, hay excepciones a esta regla. La desafortunada existencia de la esclavitud en Estados Unidos llevó a muchos africanos a la fuerza a ese continente, mientras que muchos otros luchan hoy por llegar allí con la esperanza de proporcionar un futuro mejor a sus familias. Por otra parte, muchos cautivos de Portugal, Francia y España que trabajaban en barcos con destino a tierras lejanas y desconocidas vivieron experiencias que jamás habrían imaginado, a pesar de los riesgos y temores que entrañaban. Como resultado, muchos optaron por no regresar a las vidas miserables que les esperaban en sus países de origen. Los descendientes de portugueses en Malasia están sin duda orgullosos de su vida allí, aunque sean descendientes de pescadores pobres que saben poco del Portugal que dejaron atrás sus antepasados hace casi quinientos años.

Lo que quiero decir es que no se puede amar la libertad y la nación al mismo tiempo. Si tienes que elegir entre el crecimiento personal y el desarrollo como ser humano, descubrirás que la única forma de lograrlo es desprendiéndote por completo de las cosas que te impiden crecer, como enseñó Buda. No es de extrañar que los comunistas de China se hayan esforzado por corromper el budismo y utilizarlo como arma política contra su pueblo. No se puede ser comunista y budista al mismo tiempo, porque estas dos mentalidades son fundamentalmente incompatibles. En consecuencia, al verse obligados a aceptar los dictados chinos, muchos monjes abandonan sus prácticas, no solo en el Tíbet, sino también en la China continental.

Cualquier forma de identidad formada en torno a un grupo de personas y un trozo de tierra es susceptible de corromper la libertad del individuo para perseguir sus objetivos personales y su identidad espiritual. La espiritualidad es incompatible con los sistemas sociales, aunque dependan de ella para progresar, igual que alguien puede disfrutar de los frutos de un árbol sin convertirse en agricultor.

Todos los profesores chinos que he conocido me han pedido que les guíe en la creación de métodos de enseñanza eficaces en el aula y que les ayude a integrarse. Sin embargo, esto es imposible si pretendo no enseñar a asimilar mejor los prejuicios existentes. Por lo tanto, cualquier forma de pedagogía es perversa y quienes la enseñan son moralmente corruptos y se cuentan entre las peores personas del planeta. Hacen el trabajo sucio de persuadir a la gente para que se asimile a las costumbres del sistema, mientras fingen civilizarla. Es una forma de esclavitud moderna mediante programación mental, en la que los expertos en educación, psiquiatría y psicología moldean y martillean los grilletes de los esclavos. El siguiente nivel, por supuesto, se consigue a través de la tecnología, pero esta no puede utilizarse eficazmente sin comprender los modelos educativos y la mecánica psicológica del cuerpo humano.

La libertad es algo tan ajeno a mucha gente que a menudo me consideran un criminal por disfrutar de ella. Si algo no se ajusta a la percepción que la gente tiene de lo que está bien y lo que está mal —como yo escribiendo en un portátil en un café público un domingo—, se ve como algo negativo, casi ilegal. En países como Croacia, la gente me critica a menudo por trabajar los fines de semana. Parece que a estas personas no les importa la vida ni lo que hacen, o al menos no reconocen el orgullo de ser perezoso. En cambio, critican a los que trabajan más.

Cuando les digo que su país no tiene futuro, suelen ofenderse y dejan de hablarme, como les ocurrió a algunas personas que conocí en Croacia. Basándome en muchas experiencias, tengo que concluir que el destino de un país lo determina su gente, no sus políticos. La cultura afecta a la gente tanto como la gente afecta a su cultura, porque la cultura es la encarnación de lo que la gente valora, critica y en lo que se centra. Una cultura sin su gente simplemente no existe, porque no tiene vida propia. Cuando la gente de una cultura se centra en no hacer nada, no pasa nada. Esa gente luego critica al gobierno por razones que se me escapan. ¿Deberían los políticos enviar a la policía a echar a la gente de las cafeterías cuando se pasan una o dos horas bebiendo café expreso, como hacen muchos croatas?

Capítulo 30: El viaje del alma

C ada país europeo tiene una forma única de estupidez, algo que los nativos se niegan a reconocer en sí mismos y que, a menudo, contradicen en sus declaraciones. En España, por ejemplo, la gente culpa al sol en lugar de a la monarquía, ya que parece más razonable atribuir sus problemas a un cuerpo cósmico en el cielo que asumir la responsabilidad de sus propias vidas. A los españoles les encanta la playa y, siempre que alguien se enfrenta a un problema, le sugieren que se olvide de él yendo a la playa, atribuyendo todas las soluciones al sol en lugar de a su propio intelecto. En consecuencia, culpan al sol de su pereza y falta de interés por leer, trabajar y aprender.

Al atreverse a cruzar los límites de lo que los demás consideran real y ficticio, vivirán las experiencias más absurdas. Por ejemplo, en Lituania me abordaron unos guardias de seguridad que sospechaban que era un espía ruso solo porque llevaba tres horas leyendo. Había que convencerles de que ese comportamiento solo podía explicarse de ese modo; nada más se ajustaba a su limitada comprensión. Cuando no entienden algo, la ignorancia lleva a la gente a racionalizar la opción más fácil para sus limitadas mentes.

Entonces, creen erróneamente que son inteligentes simplemente porque pueden llegar a conclusiones rápidas, aunque tontas, a menudo inspiradas por las películas que ven.

Cuanto más loca está una persona, menos capaz es de distinguir la ficción de la realidad. Por eso muchas personas entienden el mundo a través del cine, en lugar de hacerlo a través de la lectura y el pensamiento crítico. Afirman pensar profundamente, pero suele ser una fachada porque les da vergüenza admitir su ignorancia. Cuando leen, suelen elegir autores que confirman su visión ilusoria de la vida.

Por ejemplo, una psicóloga me dijo una vez que la razón por la que seguía soltera a los treinta años era que, según sus lecturas, las mejores frutas son las más difíciles de alcanzar, mientras que la gente tiende a elegir las más fáciles, que normalmente están podridas. En otras palabras, creía que los hombres eligen a mujeres inferiores y que ella era demasiado especial y atractiva para que nadie la eligiera. Incluso supuso que yo había dejado de hablarle porque buscaba «fruta podrida» y que ella era demasiado dulce para ser elegida.

Cuando las personas tienen problemas mentales, distorsionan completamente la realidad y encuentran justificaciones para su locura. Esto se vuelve aún más problemático cuando intentas demostrarles lo equivocados que están, porque a menudo no lo aceptan. Cuando le expliqué que su baja autoestima le impedía ver la realidad con claridad, se echó a llorar. Semanas después, volvió a llorar cuando le dije que las mejores cosas de la vida requieren esfuerzo y que se puede apreciar a las personas por lo que son, no solo por su aspecto. Pensé que estaba llegando a su alma, pero en su mente solo estaba atacando su ego. Lo único que le importaba era que yo viajara a otras ciudades sin invitarla.

El ego suele ser el motor de muchos conflictos, ya que sirve para identificar y juzgar lo que es real o no, lo que está bien o mal. Por eso, cuando les dije a los guardias de seguridad —que me habían visto leer durante tres horas— que no tenían derecho a ver mi identidad, esto naturalmente alteró aún más sus frágiles egos. Cuando el miedo no domina a los más incivilizados de entre nosotros, la esquizofrenia paranoide suele dictar sus acciones y pensamientos.

La idea de que la iluminación consiste en hacer realidad los anhelos del mundo no es solo una teoría creada hace miles de años por un hombre sentado bajo un árbol, sino un hecho medible y observable que una parte significativa de la sociedad todavía no puede afrontar. Es la constatación de que las masas no saben distinguir lo real de lo irreal. Así que no podemos hablar de iluminación hasta que no abordemos el sentido común y la salud mental. No se pueden saltar estas dos etapas e ir directamente a la iluminación como si fuera un atajo. Quienes piensan así son unos ilusos, igual que quienes creen entender el sentido común sin leer, aprender y pensar. De hecho, a la mayoría de las personas les cuesta pensar de forma crítica y, cuando se iluminan, se dan cuenta de que los profesores son tan estúpidos como sus alumnos. Esta constatación puede ser traumática. Estás presenciando cómo los tontos dirigen a los tontos, aunque estos no pueden verlo porque carecen de capacidad de pensamiento crítico. Validan sus acciones a través de dinámicas sociales que les permiten permanecer en un estado de irreflexión, dinámicas diseñadas para aprisionarlos.

Solía creer que la estupidez era solo la incapacidad de comprender cuestiones cruciales para la supervivencia urbana, hasta que llegué a Lituania y me di cuenta de que la estupidez es un estado mental que la gente elige adoptar. En ese país, conocí a científicos que leían libros espirituales pero preferían seguir siendo arrogantes; religiosos que solo habían leído un libro en su vida y, sin embargo, insultaban a los demás; oradores públicos que eran menos inteligentes que su público y no necesitaban que les recordaran cosas que ya sabían; psicópatas; Hombres de negocios que prefieren robar información a aprenderla conversando; feministas que desprecian a los hombres y, sin embargo, buscan desesperadamente el matrimonio; mujeres que pasan tiempo con un escritor famoso y lo consideran estúpido; e incluso guardias de seguridad de centros comerciales que consideran una amenaza a un lector de un país que la mayoría de la gente no puede situar en un mapa. De hecho, cuando la luz está justo delante de ti, la oscuridad es una elección.

Capítulo 31:
Conocimiento e ignorancia

A unque es importante no generalizar sobre todo un país, las excepciones a los estereotipos comunes son tan raras que siempre me sorprendo gratamente cuando las encuentro. Eso no quiere decir que no haya regiones del mundo en las que el estado mental de los ciudadanos sea significativamente mejor, pero sí noto un mayor esfuerzo de superación en ciertos ámbitos. Siento un gran respeto por quienes tienen el valor de enfrentarse a sus propios dogmas y egos. En un mundo que a menudo parece incómodo, evolucionar y buscar el crecimiento personal es todo un reto. A medida que uno evoluciona, puede ser incomprendido por la sociedad y apreciar cosas que los demás ni siquiera empiezan a entender.

La mayoría de la gente tiende a no pensar de forma crítica, absorbiendo la información a través de sus emociones. Por eso suelen reaccionar con rabia cuando se les cuestiona. Es como si estuvieras cuestionando su cordura, lo cual, en cierto modo, es cierto. Lo que intento transmitir es que, cuando expandes tu conciencia, las dualidades, las contradicciones y la ira que existen en la sociedad no desaparecen por sí solas. De hecho, es posible que la gente se enfade aún más contigo. Entenderás por qué y no estarás tan confundido.

Puedo ilustrarlo con mi último trabajo, enseñando redacción académica. Mucha gente piensa que estoy loca por escribir sobre temas espirituales y no ven la conexión con mi pasado. No pueden ver la conexión entre una persona que pasó años enseñando a otros a escribir trabajos académicos, que trabajó durante muchos años como consultor de gestión y que ahora escribe libros de autoayuda. Mis alumnos apenas podían creer que escribiera libros espirituales, porque decían que yo era la persona más científica que habían conocido. Lo era y lo sigo siendo; no hay diferencia. Sin embargo, hay que evolucionar para verlo, y la mayoría de la gente no está tan evolucionada como cree.

Puede sonar arrogante decir eso, y por eso a menudo me malinterpretan. Pero, ¿compartiría una persona arrogante todo lo que sabe y piensa? Esa es la parte que no ven. Simplemente, no sucede. Los narcisistas no comparten nada. Su naturaleza es como un agujero negro: lo absorben todo, incluso los sentimientos, y siempre están intentando destruir el mundo. Lo que la gente dice de mí es casi siempre lo contrario de lo que hago, así que los juicios de los demás revelan su estado de ánimo con más claridad que mis acciones.

Cuando expresas tu enfado a personas ignorantes, no entienden el significado de tu enfado y, en su lugar, reflejan más su mundo interior como respuesta. Cuando no lo entienden, te llaman loco.

Cuando reaccionas agresivamente porque te sientes insultado, te llaman violento y loco. Si les demuestras que están equivocados, te llaman arrogante. Si te ofendes por sus palabras, te llaman arrogante y exagerado. Cuanto más inteligente, argumentativo, informado y moral seas, más te percibirán los ignorantes como loco, agresivo, arrogante y demasiado emocional. Cuanto más intentes ayudarles a entender tu punto de vista y ganarte su empatía, más daño te desearán.

Estos son los mecanismos sociales del mundo y todos los que no están despiertos los siguen. Cuando se abusa de estos mecanismos, como ocurre en un planeta superpoblado de no pensadores, se abusa y se corrompen los temas de la ayuda, el amor y la compasión. En este contexto, un comentario positivo puede sexualizar o conferir poder moral a alguien, lo que acarrea consecuencias negativas. Un narcisista, por ejemplo, se alimenta de emociones y cumplidos, mientras desvaloriza a quienes se los ofrecen.

En cuanto a la validación moral, puede darles poder y la falsa impresión de que tienen la capacidad y el derecho de juzgar a los demás. Lo mismo ocurre cuando se critica a alguien con baja autoestima. Decirles que deberían leer algo más práctico puede ser el punto de ruptura de la conversación, ya que no tienen la capacidad de distinguir la ficción de la realidad. La misma frase puede tener el efecto contrario en una persona, dependiendo de su naturaleza. Si ayudas a alguien que tiene una comprensión distorsionada del concepto de ayuda, lo percibirá como un ataque o un intento de manipulación, porque se reforzará todo lo que ya ha distorsionado su percepción de quien ofrece ayuda.

Por desgracia, en el mundo actual muchas personas padecen enfermedades mentales, pero eso no hace que sus acciones sean erróneas. Cada acción debe evaluarse en relación con las personas implicadas. Al fin y al cabo, se sabe por qué las personas reaccionan como lo hacen antes incluso de que abran la boca para hablar. En mayor o menor medida, todo el mundo reacciona según los mecanismos que ha interiorizado, ya sea a través de la educación, el adoctrinamiento, lo que lee, la percepción de sus experiencias o lo que observa. Por lo tanto, para la gran mayoría no hay nada más allá de lo que sus cinco sentidos les dicen que es real. No pueden ver más allá, aunque se crean inteligentes y se dejen engañar constantemente por sus propias percepciones.

En otras palabras, puedes enamorar a la persona equivocada y, al mismo tiempo, alejar a alguien que realmente te gusta debido a tu propia percepción de la realidad y a cómo la perciben los demás. Por ejemplo, si le digo a alguien que debería dedicarse a la música, pero no tiene ni los conocimientos ni la autoestima necesarios, puede que encuentre a un hombre que le ayude, se case con él y abandone su sueño. Si ayudo a alguien a escribir un libro, puede pensar que se está enamorando, cuando en realidad solo está confundiendo su amor por el arte con la persona que conecta su corazón con él.

Es muy raro encontrar a alguien que entienda y aprecie las intenciones de otra persona. Las únicas personas que he conocido capaces de hacerlo son demasiado mayores para preocuparse por ello o han fallecido. Para la mayoría de la gente, esta comprensión suele llegar tarde o nunca. Me doy cuenta de que, en un mundo lleno de mentiras y mentirosos, la provocación puede parecer el mejor método para descubrir la verdad, aunque no pretendo que sea el más eficaz.

Capítulo 32: La naturaleza de la espiritualidad

Solo alguien obsesionado con su propio ego vería la comunicación o el proceso de adquisición de nueva información como una disputa entre el bien y el mal, que da lugar a dicotomías y puntos de vista diferentes. Si ven la realidad de esta manera, podrían ver mis palabras como una confrontación con su propia naturaleza. Sin embargo, en este contexto, no existe el «yo». Además, cualquiera que lea lo que yo sé ya está asimilando esa información, así que lo que es mío se convierte en suyo. Este proceso no se basa en opiniones; estoy tratando con la conciencia, no con puntos de vista egoístas. Por lo tanto, una persona no solo está de acuerdo conmigo cuando se da cuenta de la verdad, sino que también la ve. Por eso no podemos hablar de conciencia cuando estamos centrados en el ego. Los dos conceptos no están relacionados, aunque se necesite uno para tender un puente hacia el otro. Una vez que has cruzado ese puente, no solo adquieres la capacidad de observar con conciencia, sino que también te vuelves consciente de un vasto mundo de percepciones que no se pueden captar ni transmitir fácilmente. Después, ya no tienes que rellenar los espacios en blanco con suposiciones.

Sin embargo, para ello es necesario liberarse de los métodos condicionados de análisis de la realidad impuestos por la cultura y la educación. Rehabilitar el cerebro y conseguir que funcione como debe suele implicar desmontar y reconstruir muchas partes. Esto ocurre a nivel neurológico, con nuestros hábitos y creencias moldeando nuestra identidad. Durante este proceso, la persona puede sentirse perdida, con el cerebro lavado, manipulada y controlada, ya que sus reacciones y percepciones emocionales están vinculadas en gran medida a experiencias pasadas. Cuando se despierta, no cree que estaba dormida, sino que percibe su realidad anterior como ficticia. La persona tarda en darse cuenta de que la realidad que percibía como real era, de hecho, irreal, sobre todo cuando se da cuenta de que muchas otras personas siguen atrapadas en ese mundo ficticio.

El proceso de liberarse de las falsas creencias puede ser muy difícil para la mayoría de la gente por todas estas razones y pocos consiguen hacerlo solos. Una gran parte de la población mundial no hará el esfuerzo de cambiar a menos que alguien haga un milagro, como caminar sobre las aguas o convertir el agua en vino. Como la mayoría de la gente tiene una visión muy limitada de lo que cree saber, el problema no suele ser lo que cree, sino su necesidad de aferrarse a esas creencias y defenderlas.

No es posible ser honesto mientras se huye de la realidad. Si piensas lo contrario, es porque no has conocido a mucha gente honesta. Sin embargo, debes esforzarte por ser honesto por el bien de tu propia salud mental. No puedes esperar que la gente deshonesta aprecie la honestidad. Solo después de que decidas ser honesto contigo mismo podremos profundizar en el tema de la transmutación espiritual, comúnmente conocida como alquimia. En China y la India se utilizan términos diferentes para transmitir significados similares, aunque estos principios se aplican principalmente a sus ciencias médicas actuales. La alquimia es, por tanto, un concepto universal con múltiples aplicaciones.

La palabra «alquimia» procede del término árabe «al-kimiya», que significa «arte de la transformación». Los griegos la tradujeron como «kimia», que significa «elixir de la vida». Llegó a Europa a través de Francia, Alemania e Italia, traída del mundo árabe por los templarios y los peregrinos, como ciencia secreta estudiada por grupos secretos, los primeros verdaderos Illuminati. Se expandió como ciencia europea durante el Renacimiento, en la búsqueda de la comprensión del alma, la mente y el cuerpo.

Estos estudios debían realizarse en secreto, ya que suponían la pena de muerte. Así se creó la leyenda del descubrimiento del oro, un engaño que persiste hasta nuestros días. El verdadero oro era la pureza del espíritu, tal como la enseñó Jesús en sus prácticas gnósticas, y no la versión falsificada que presentan los cristianos modernos, que por lo general conocen poco esas enseñanzas y tienden a despreciarlas. Es realmente absurdo que alguien que se identifique como cristiano niegue los orígenes de esta religión y los textos escritos antes de estas malas interpretaciones.

Por ejemplo, el ritual de inmersión en agua que los cristianos llaman bautismo es, en realidad, una práctica gnóstica anterior al relato bíblico. Jesús introdujo el bautismo de fuego, que implica sufrimiento, arrepentimiento y muerte. El agua se asocia con el amor y la vida, lo que la convierte en la primera forma aceptada de bautismo, pero no en la última para quienes desean realmente seguir las enseñanzas de Cristo. De hecho, las enseñanzas sobre la pobreza tratan más sobre vivir con lo mínimo y aceptar los dolores del mundo material que sobre la verdadera pobreza económica.

Capítulo 33: El papel de la intuición

Muchos cristianos no son conscientes de que Cristo promovió la transmutación alquímica a través de diversos elementos. Esto es evidente en el hecho de que una persona rica que se las arregla para vivir una vida sencilla mientras acumula riqueza es, en esencia, un alquimista que ha sido bautizado a través del elemento tierra. Esta persona ha aceptado los retos de la materialidad, renunciando a los placeres del cuerpo para acumular más riqueza. Las personas que consiguen vivir mínimamente y controlar sus deseos de placeres corporales —ya sea a través del sexo, la comida o el alcohol— tienen más probabilidades de entender este tipo de transmutación o bautismo.

Los musulmanes han llevado esta comprensión un paso más allá con el Ramadán, que consiste en purificar el cuerpo ayunando, absteniéndose del alcohol y negándose a comer cerdo. Los cátaros y algunas otras sectas gnósticas, así como los rosacruces, fueron aún más lejos, absteniéndose de comer carne o pescado. Para llevar esta práctica aún más lejos, eliminaban la sal, las especias y los aceites de sus alimentos. Para comprender mejor estos principios en relación con la energía Kundalini, considere lo siguiente: mientras que la mayor parte de la sociedad se estanca en los tres primeros niveles de manifestación de la Kundalini —alimentación, vivienda y bienes materiales—, el altruismo, que considera el dinero como un medio para expandir el amor, solo comienza en el cuarto chakra.

Sin embargo, nunca he conocido a una persona religiosa que entienda esto, porque a menudo se centran en los niveles egoicos, en el ego o «yo». Como se consideran más virtuosos, tienden a imponer sus puntos de vista egoístas a los demás, arrastrándolos hacia abajo. Presentan sus pensamientos y acciones en estos niveles inferiores como virtuosos, enseñando que hay que ser pobre y miserable, que la tristeza y el mal son buenos y que la soledad es una virtud. Todo esto es falso, una mala interpretación de los significados que se ocultan detrás de la transmutación alquímica del alma.

Cuando entendemos cómo la ascensión espiritual se correlaciona con el uso de la riqueza, llegamos a comprender lo siguiente:

- En el chakra de la corona, la riqueza se utiliza como una extensión del servicio espiritual.

—En el chakra del tercer ojo, la riqueza es el resultado de ese servicio.

—En el chakra de la garganta, la riqueza se considera un medio para ampliar la influencia social y ayudar a los demás.

En el chakra del corazón, la riqueza se considera un medio para ayudar al prójimo y al planeta.

Por debajo de estos niveles, encontramos lo que las masas pueden entender y, a menudo, propagar sobre la riqueza:

- En el chakra del plexo solar, la riqueza se ve como una necesidad para mantener a la propia familia o tribu, nada más. El egoísmo se manifiesta aquí en un grupo reducido.

- En el chakra sacro, la riqueza se percibe como algo meramente material y está vinculada a la supervivencia personal. Este es el individuo codicioso que ve a la familia y a los amigos como objetos que deben ser controlados por sus posesiones.

- En el chakra raíz, el dinero se asocia con la acumulación de bienes materiales o con la demostración de estatus social. Estas personas suelen estar obsesionadas con las marcas y las tendencias. Las personas pobres o que han experimentado la pobreza durante muchos años pueden desarrollar una autoestima tan baja y un sentido de la identidad tan débil que se quedan atrapadas en el chakra raíz durante el resto de sus vidas, transmitiendo estos valores a las generaciones futuras.

También hay personas por debajo del chakra base, aunque parezca increíble. Son personas que creen que no merecen comida, ropa, techo o trabajo. El árbol Yggdrasil, cuyas raíces se extienden hasta el inframundo, simboliza la muerte dentro de un cadáver viviente y fue interpretado por los gnósticos como un alma dormida atrapada en la tumba de un cuerpo andante.

Al igual que el amor, la vida y la influencia social están interconectadas como un sistema, y cuando alguien habla de redefinir la sociedad, en esencia está hablando de eliminar el viejo sistema y las personas asociadas a él y sustituirlo por un nuevo sistema basado en lo que más valora. La forma más rápida de hacerlo es mediante un nuevo sistema basado en valores, es decir, una nueva moneda. Por este motivo, las mayores reformas sociales han consistido en la introducción de nuevas monedas. Sin embargo, como el sistema y los valores que lo sustentan están interrelacionados, rara vez cambia uno sin el otro, lo que significa que hay que sacrificar vidas para sustituir el sistema de valores anterior. Esta es la causa fundamental de la persecución moral, religiosa y política.

Lo que se considera virtuoso o no en estas tiranías es completamente arbitrario. En la Alemania nazi, por ejemplo, ser judío, gitano o discapacitado mental era inaceptable; en el mundo actual, no someterse a tratamientos médicos obligatorios, como vacunas o pastillas, tampoco lo es. Los ingenuos y desinformados pueden creer que estas dos situaciones no son comparables. Al igual que los alemanes no podían imaginar que su propio gobierno atentara contra su propio pueblo, a la población mundial le cuesta creer que sus gobiernos sean capaces de acciones similares mediante armas biológicas diseñadas para atacar a segmentos específicos de la población.

Capítulo 34: El camino hacia la iluminación

Imagine un virus que mate solo a los ancianos y a los enfermos, y una vacuna que mate solo a las personas con determinadas secuencias genéticas, como las de piel oscura o las procedentes de ciertas regiones del mundo. Este escenario es inquietantemente similar a lo que ocurrió en la Alemania nazi, pero a una escala mucho mayor, lo que hace difícil que la población crea que es cierto. Por eso tanta gente aplaudió en 2022 cuando el director general de Pfizer, Albert Bourla, dijo a Klaus Schwab en el Foro Económico Mundial: «Para 2023, reduciremos la población mundial en un 50 %, y hoy ese sueño se está haciendo realidad».

Como dijo el propio Hitler en Mein Kampf: «Una mentira es aceptada por el pueblo cuando es tan colosal que nadie puede creer que alguien pueda tener la osadía de tergiversar la verdad de forma tan infame». Una situación similar se produjo cuando el público aplaudió a Bill Gates por decir, en una charla TED, que «si hacemos un trabajo realmente bueno con nuevas vacunas, servicios sanitarios y salud reproductiva, podríamos reducir la población mundial tal vez en un 10 % o un 15 %».

Una cosa es no darse cuenta de tales afirmaciones en el momento en que se hacen, pero es extraordinario ver a gente aplaudiendo discursos sobre genocidio. Si estas personas no son increíblemente estúpidas, deben ser increíblemente malas o completamente inconscientes. No menos estúpidas son, sin embargo, las muchas personas que se alinearon en las calles de Londres el 5 de junio de 2022 para ver un holograma de la reina Isabel II en su coche dorado de 260 años de antigüedad mientras pasaba con guardias ceremoniales, como parte de las celebraciones del Jubileo de Platino de la reina. Se les vio aplaudir y saludar al holograma a su paso. Si la gente puede saludar a un holograma, ¿qué más puede hacer con su imaginación? ¿Y qué podemos esperar de su capacidad para racionalizar o distinguir lo real de lo irreal? ¿Se puede reformar la sociedad?

La razón por la que siempre se ataca a las masas está relacionada con su incapacidad para adaptarse. Esto se racionaliza sobre la base de la premisa darwiniana de la supervivencia del más fuerte. Las masas están tan interconectadas y son tan dependientes de los viejos sistemas que no permitirían que surgiera un nuevo orden mundial sin muchos crímenes y protestas violentas. Imagina la reacción de la gente cuando les decimos que tienen que cambiar su forma de pensar, su dieta y sus hábitos, y luego imagina estas reacciones a escala planetaria. Por eso las masas se consideran una amenaza para cualquiera que quiera reformar el sistema social.

En general, las masas están dominadas por una visión materialista y competitiva de la vida, lo que las hace no solo egoístas, sino también muy envidiosas. No solo serán envidiosas, sino que también calumniarán tu reputación con mentiras y se obsesionarán con encontrar aliados. Las mayores revoluciones de nuestro tiempo, la bolchevique y la francesa, se aprovecharon de esta disposición animal de muchos y la utilizaron para derrocar monarquías y sustituirlas por tiranías.

Estas revoluciones nunca se han preocupado por la gente, porque sus promotores no se preocupan por ella. Por ejemplo, la revolución china liderada por Mao se cobró la mayor masacre del pueblo chino, pero los chinos siguen adorando a este monstruo porque no se dan cuenta de que la revolución nunca tuvo que ver con ellos. Los chinos, los franceses y los rusos justifican sus revoluciones diciendo que antes pasaban hambre y ahora tienen comida, algo que puede engañar fácilmente a los estúpidos.

Un lector me preguntó una vez cuál sería la mejor manera de mejorar su reputación en el trabajo, y le dije que llevara pasteles a sus compañeros. Me dijo que era una idea tonta, ya que todos eran ingenieros e intelectuales. Pero yo le dije que, aunque eso era cierto, estaban actuando como idiotas porque la razón por la que él sentía la necesidad de mejorar su imagen en el trabajo era precisamente porque no podía razonar con ellos. Hizo lo que le dije e inmediatamente notó una mejora en la forma en que le trataban. No podía creer que fuera tan fácil y que la gente pudiera ser tan estúpida.

Si discutes con la gente y la derrotas con lógica, argumentos o la verdad, no cambiará, sino que se enfadará y planeará una venganza contra ti. La historia de la humanidad está hecha de las mismas historias y sigue exactamente los mismos dramas en diferentes escenarios. Analizamos la historia superficialmente porque no conocemos bien la naturaleza humana y tendemos a interpretarla tal y como nos la muestran los que han sobrevivido.

Capítulo 35: La naturaleza de la verdad

S i los católicos romanos persiguieron a otros grupos cristianos y quemaron sus libros, ¿qué versión del cristianismo cree que sobrevivirá durante miles de años? Además, si ramas más recientes se basan en los mismos textos católicos, ¿qué validez cree que pueden tener sus perspectivas? Es obvio que cada grupo cristiano tiene sus defectos, pero la gente sigue profundamente apegada a ellos. Estas opiniones se prestan bien al control gubernamental, lo que sugiere que puede pasar un tiempo considerable antes de que se conviertan en meros mitos del pasado, junto con otras creencias mitológicas, relegadas a las páginas de los libros de historia y a las secciones de nuestros museos.

La cultura refleja esencialmente la naturaleza de un gran grupo de personas. Por lo tanto, para cambiar a las masas, hay que cambiar su cultura y ellas se resistirán a este cambio. El deseo de identificarse con una bandera que se exhibe con orgullo en los partidos de fútbol de todo el mundo es un ejemplo de este fenómeno. Aunque pueda parecer injusto abandonar o condenar a estos individuos a la oscuridad en la que viven, con el tiempo se puede ver que su comportamiento y sus pensamientos se vuelven predecibles. Todo en ellos es tan coherente que solo te sorprendes cuando realmente entienden algo. Las masas tienden a pensar dentro de los confines de su perspectiva cultural y aventurarse más allá les asusta, lo que conduce a la resistencia.

Por eso, términos como «teórico de la conspiración» y «loco» funcionan como poderosos insultos que disuaden a la gente de pensar más allá de lo socialmente aceptable. Aunque algunas personas intentan liberarse de estas restricciones, su naturaleza, la compañía que mantienen y sus hábitos suelen impedir la posibilidad de cambio. Al final, vuelven a su estado anterior, independientemente de lo que digan, de lo que les documentes o incluso de la compasión que les muestres.

Me he acostumbrado a distanciarme emocionalmente de la gente. No se trata de ser frío, sino de aceptar la realidad tal como es. La alternativa es enfrentarse al insulto o la traición sistemáticos. En algunos casos, como en las relaciones duraderas o con familiares, es posible intentar implicarse. Sin embargo, la respuesta puede ser absurda, con afirmaciones como «¡Estás muerto para mí!» o «¡Estás loco!».

Esto ocurre incluso cuando la persona presenta los hechos y solo busca una disculpa o el reconocimiento de errores pasados, lo que suele ser imposible sin herir el ego. En otros casos, la gente puede buscar intimidad con otra persona, como si compitieran para ver quién supera antes la soledad. ¿Por qué actúa así la gente? Porque ser reemplazado se ve como una batalla de egos, en la que uno busca salir mejor parado tras el dolor infligido.

La naturaleza humana siempre me ha intrigado. Nunca pude entender por qué la gente de este planeta es tan egoísta y manipuladora hasta que me di cuenta de lo mucho que valoran sus egos. He sido testigo de tanta hipocresía en este mundo que ahora necesito una gran fuerza de voluntad para censurarme cuando edito mis propios libros. En consecuencia, me siento obligado a identificar los grupos en los que prevalece esta hipocresía, especialmente entre aquellos que, por alguna razón inexplicable, se llaman a sí mismos cristianos. Creo que Jesús advirtió sobre estos individuos cuando dijo que muchos vendrían en su nombre, como «lobos vestidos de ovejas». Está claro que no se refería a las sectas gnósticas quemadas en el Coliseo.

La hipocresía humana se manifiesta a menudo de forma similar. Por ejemplo, un hombre que dice ser mi amigo me invitó a tomar un café y me preguntó mi opinión sobre el estado del mundo. Le expliqué mis puntos de vista y aporté pruebas en respuesta a sus preguntas. Semanas después, me invitó a oírle hablar en público en una congregación cristiana de mi ciudad. Lo que presencié fue la presentación de mis ideas, pero no mencionó mi nombre, a pesar de que yo estaba sentado en primera fila. Finalmente, tuvo la osadía de pedirme su opinión sobre su presentación. Cuando me di cuenta de que parecía completamente embriagado por su sentido de la prepotencia, le elogié por compartir la información que yo le había proporcionado.

Semanas después, me invitó a otra charla. En esta ocasión, me hizo preguntas sobre la vida después de la muerte. Una vez más, respondí a sus preguntas y utilicé su propia Biblia para apoyar mis argumentos. Sin embargo, se enfureció cuando le expliqué la reencarnación basándome en su propio texto. Su ego se vio herido porque no podía incorporar mis ideas a las enseñanzas de su iglesia. Por esta razón, dejó de comunicarse conmigo. En esencia, yo solo era valioso para él por la información que respaldaba sus puntos de vista sobre la religión.

¿Qué crees que ve Dios en esas personas que dicen representarle? Probablemente, lo mismo que yo veo: un circo.

Capítulo 36: La compasión en la sociedad

En este mundo abundan el mal, la discriminación, la manipulación y la ignorancia. Pero sin comprender la oscuridad, no se puede encontrar la luz. El discernimiento debe venir antes que el conocimiento, y el conocimiento antes que la conciencia.

Muchas personas odian la verdad o no pueden aceptarla porque les asusta. Otros están cegados por dogmas que inhiben su capacidad de pensamiento crítico. Los libros que contienen la verdad nunca estuvieron destinados a ellos; seguirían escribiéndose aunque nadie en el planeta los leyera. Las normas de todos los grupos religiosos son claras sobre el papel, pero en la práctica suelen hacer caso omiso de ellas, considerándose inmunes a cualquier juicio moral.

Llevo muchos años preguntándome: ¿por qué los seres humanos son tan perversos y malvados? ¿Por qué me tienen tanto odio, cuando no he hecho nada para merecerlo y, a menudo, incluso les he ayudado? ¿Por qué toman tanto y no dan nada a cambio? ¿Por qué son tan crueles que prefieren ver a un amigo empobrecido o muerto para sentirse superiores? ¿Por qué acumulan información y no responden a las preguntas? ¿Cómo pueden traicionar y olvidar a alguien tan fácilmente, aunque esa persona haya sido la única que le visitó en el hospital todos los días hasta que se recuperó? ¿Cómo pueden olvidar a alguien que les salvó la vida? ¿Por qué la gente se obsesiona con destruir la vida de alguien y asegurarse de que pierda su trabajo? ¿Por qué alguien a quien ayudé a crear una empresa y hacer rico destruye mi reputación? Estas son algunas de las preguntas con las que he luchado durante muchos años, sobre todo porque muchas de estas personas eran familiares o amigos con los que conviví durante décadas. Sin embargo, no hay respuesta al mal; simplemente existe.

Como el número de experiencias negativas supera con creces al de positivas, a menudo me he preguntado si estaba perdiendo el tiempo compartiendo la verdad con el mundo. Todavía me hago esa pregunta, pero el mundo sigue guiándome de vuelta a mi propósito. Además, todo lo demás me parece mentira y dudo que pueda seguir otra carrera. Es agradable llevar traje y formar parte de un equipo que trabaja por un objetivo común, tener tu propia oficina y sentirte importante y respetado, porque todo el mundo tiene miedo de perder su trabajo. Es una buena sensación estar frente a un aula con cientos de estudiantes que me miran como si fuera un dios y creen todo lo que digo. Sin embargo, todo esto es una ilusión. La gente ansía una atención superficial, pero hasta un DJ es más auténtico: si la música es mala, nadie baila, y los resultados no se pueden fingir.

Hace varios años, le pregunté a un amigo masón por qué les caía tan mal a los masones. Me contestó: «Te tienen envidia porque ya sabes demasiado, a menudo más que ellos».

Yo repliqué: «Pero soy miembro del grupo; no les ataco ni cuestiono nada».

Me contestó: «Cuando la gente tiene envidia, solo odia porque tiene miedo. No tienen ningún otro motivo».

Ha fallecido a los 83 años. Otro amigo de 84 años me anima a seguir escribiendo y a ignorar el caos que me rodea. Estos dos fueron de los masones más importantes de España, lo que sugiere que tienen percepciones que todavía estoy intentando comprender. Cuando le digo a la gente que soy escritor, la mayoría no me cree o piensa que me estoy inventando historias. Sin embargo, me siento tan auténtica y honesta conmigo misma que ya no me importa. La vida es corta y pasa muy deprisa. Imagínese a una persona que ya ha muerto viendo la película de su vida y pensando: «He perdido tanto tiempo en cosas triviales; ojalá pudiera volver atrás y empezar de nuevo».

No hay nada más poderoso para nuestra conciencia que contemplar nuestro propio final. Como dijo Blair Warren: «No te iluminarás si renuncias a tus posesiones mundanas y te vas al Tíbet. No te iluminarás si te vuelves más cariñoso y pacífico con los demás. Te iluminarás cuando veas más allá de las ilusiones de la vida. Cuando alcances este estado, podrás elegir dedicarte a estas tareas o a otras innumerables tareas nobles. Pero esto no es obligatorio. De hecho, nada es necesario. Por primera vez en tu vida, tu forma de actuar en el mundo se convierte en una verdadera elección. Tu forma de actuar depende enteramente de ti».

Capítulo 37: La importancia de la compañía

No es fácil distinguir entre alma, espíritu y mente, porque están interconectados. Si además tenemos en cuenta el cuerpo físico y el cuerpo emocional o aura, tenemos cinco reinos de percepción diferentes que influyen y moldean nuestros recuerdos. Las células de nuestro cuerpo tienen sus propias memorias y muchas de nuestras reacciones están vinculadas a experiencias de dolor físico, aunque la ciencia aún no ha comprendido del todo esta conexión. Las emociones que experimentamos a lo largo de la vida y nuestras reacciones a ellas constituyen lo que yo llamo memoria kármica, ya que influyen significativamente en nuestras decisiones. El espíritu representa el yo eterno que nunca muere, mientras que el alma sirve de conciencia que conecta la realidad espiritual con el mundo físico. Por tanto, la conciencia y la percepción residen en el alma.

La mente, principal foco de atención de los psiquiatras, es solo el área que produce el pensamiento; es el yo que opera el cerebro. Sin embargo, el pensamiento no procede de la mente, sino del alma. El llamado yo superior es el espíritu. Entendemos el mundo a través de nuestras interacciones mentales, pero es el alma la que crea e interpreta nuestras experiencias. Pensar ocurre en la mente, pero las ideas y conclusiones provienen del alma.

Entre los aspectos que interfieren en estas funciones se encuentran las reencarnaciones pasadas (espíritu), las emociones (sobre todo las del dolor) y nuestro cuerpo físico (influido en gran medida por la genética y la dieta). Cuando morimos, todo se descompone excepto el espíritu, que guarda un registro de todo lo ocurrido. Lo más fascinante del espíritu es su capacidad para recrear experiencias, lo que nos permite revivirlas. Este fenómeno es lo que llamamos karma, pero se produce a través del alma, lo que significa que la conciencia reduce el karma y aumenta la inteligencia.

El principal defecto de los métodos psicoterapéuticos contemporáneos es la falta de comprensión de estos conceptos, ya que solo se centran en la mente del individuo. Aunque la personalidad puede entenderse a través de la mente, un individuo no se define por ella, ya que deja de existir con el cuerpo. Este conocimiento permite analizar con mayor profundidad las motivaciones, los intereses y los traumas personales. La verdadera identidad es el espíritu, por lo que la personalidad es insignificante en comparación con el alma. El alma tiene la capacidad de crear una nueva personalidad en cualquier momento, mientras que el espíritu lleva la cuenta de todas las personalidades que ha encarnado. Por lo tanto, cuando una persona expande su conciencia, también despiertan todos estos potenciales latentes.

Para el mundo exterior, esta persona puede ser vista como excéntrica, ya que la sociedad tiende a centrarse en las apariencias, es decir, en las manifestaciones físicas de la existencia. Muchas personas no tienen una verdadera comprensión de lo que son el alma y el espíritu; pueden afirmar que los tienen, pero a menudo yacen latentes en su interior, sin ser utilizados. Esta condición refleja una profunda ignorancia. Quienes no son conscientes perciben a la persona consciente como «loca», porque no pueden categorizar su personalidad. El individuo consciente es muy fluido, rápido y adaptable, lo que puede confundir a quienes tienen una comprensión limitada de la realidad.

Cuando digo, por ejemplo, que soy escritor, la gente suele hablar de inspiración, filosofía, registros akáshicos y opiniones personales. Suponen que imagino mis libros, que saco palabras de la nada o que simplemente juego con ideas ya existentes. Esto refleja su visión limitada del mundo. No entienden lo que significa ser verdaderamente consciente, así que intentan explicar las cosas más allá de su realidad con sus percepciones limitadas.

Si alguien es aún menos consciente, puede suponer que estoy robando información a otras personas. Estas dos reacciones son las más comunes que encuentro, porque muchas personas no parecen tener verdadera conciencia; su percepción es superficial. Existen en un mundo que, en el mejor de los casos, se rige por reacciones físicas y dogmas, y su capacidad para comprender la verdad está oscurecida. No comprenden qué es un ser iluminado ni cómo alcanzar ese estado. Estas verdades permanecen ocultas para ellos porque su desarrollo moral es demasiado bajo y su arrogancia demasiado elevada.

Los textos religiosos, incluidas las escrituras hindúes, la Biblia y el Corán, dicen que Dios oculta la verdad a los malvados y egoístas porque solo puede descubrirse después de haber alcanzado ciertos niveles de desarrollo espiritual. Estos niveles no están relacionados con libros o rituales. Como resultado, estas personas ni ven ni oyen la verdad cuando se les presenta. Incluso pueden condenar al ostracismo y calumniar a quienes pueden compartirla con ellos. Los mártires religiosos ejemplifican las reacciones del mundo ante las verdades superiores.

Solo el espíritu perdura eternamente y guarda un registro de todo lo que ocurrió en el pasado, lo que permite recrear pensamientos, sentimientos y conocimientos de hace cientos de años. Si lees en esta vida el mismo libro que leíste en una vida anterior, sentirás y comprenderás el libro más rápidamente. Este fenómeno es aún más notable en el caso de quienes han vivido en otros planetas, porque tienen recuerdos que no pueden reproducirse en la Tierra. La gente suele asociar a estos individuos con asuntos espirituales, pero es más exacto asociarlos con la ciencia, porque su capacidad para explicar asuntos complejos va más allá de los niveles que se presentan en la Tierra. Al fusionar estos dos reinos, pueden ayudar a la humanidad a evolucionar mucho más rápidamente.

Capítulo 38: La naturaleza del mal

E l conocimiento espiritual es tan científico como la ciencia, y la ciencia es tan espiritual como la espiritualidad. Todos los conocimientos están interrelacionados y deben presentarse de forma pragmática. Nuestra comprensión depende de lo que prioricemos. Muchas personas tienden a dar prioridad al espíritu sobre el intelecto, creyendo erróneamente que ambos pertenecen a reinos separados. Esto es un grave error, porque el intelecto precede a la mente. Una persona que medita sin conocimiento no puede comprender plenamente sus experiencias; es como navegar por el mundo sin memoria. Pueden estar presentes en el momento, pero se limitan a sus sentidos físicos. Además, ¿cómo puedes buscar respuestas si ni siquiera reconoces la existencia de las preguntas?

No se puede buscar lo que no se sabe que es real, por lo que el progreso del alma debe producirse en paralelo a la acumulación de conocimientos. Antes de poder formular las preguntas adecuadas, hay que reconocer al menos que hay algo que no funciona dentro de uno mismo. La mayoría de la gente no ha alcanzado este nivel de conciencia porque no ha comprendido el yo como algo distinto del yo de los demás. Esta distinción no tiene que ver con el ego, sino que es necesario estudiarlo, porque está conectado con el yo inmortal.

Cuando se niega, el ego hace pasar malas jugadas a la mente, amplificándose y oscureciéndose al mismo tiempo. Al negar el ego, este permite que el superego desempeñe su función crítica y moralizadora, proyectándose sobre los demás cuando se siente amenazado. Se trata de una sugestión diabólica que las masas aceptan de buen grado cuando se les dice que estén presentes y dejen de juzgarse. Con el tiempo, esta mentalidad puede desembocar en narcisismo y psicosis. Como resultado, la mente racionaliza el mal como bien y la moralidad como inmoralidad.

Los ateos no están necesariamente en contra de la religión; muchos nunca han leído un texto religioso. En lo que están en contra es en la moral, porque se les ha condicionado para que lo racionalicen todo y relativicen el mal. En esencia, los ateos han sido engañados y niegan su propia alma. Su lucha no es con la religión, sino con su propio sentido de realización vital, fruto de la ignorancia del valor de la vida, lo que conlleva su devaluación espiritual. Muchos de estos individuos desean en secreto un mundo de maldad, ya que les da una sensación de sentido; de lo contrario, se esforzarían por progresar en la vida o participarían en debates que les crearan sentido.

Es interesante observar que los ateos suelen encontrar satisfacción en refutar a los individuos religiosos que debaten sobre el valor de la vida, del mismo modo que los religiosos encuentran satisfacción en discutir sobre los peligros del mal. Cada grupo, a su manera, está satisfecho con la existencia del mal porque ambos han sido adoctrinados, aunque de formas diferentes, para ser orgullosos seguidores de una ideología concreta. Se convencen a sí mismos de que necesitan soportar el sufrimiento para hacer el trabajo necesario, aunque ese trabajo tenga poco que ver con su verdadero yo. Por eso Jesús dijo: «Si quieres ser mi discípulo, debes odiar a todos los demás en comparación: a tu padre y a tu madre, a tu mujer y a tus hijos, a tus hermanos y hermanas... sí, incluso tu propia vida. De lo contrario, no podrás ser mi discípulo» (Lucas 14, 26).

Jesús hablaba de un desprendimiento total de todo y de todos los que no contribuyen a nuestra transformación espiritual, es decir, a la ascensión de la mente al Espíritu. Esto también implica que no se puede ser discípulo de Cristo y cristiano, porque ambas enseñanzas son contradictorias por naturaleza. Jesús llama a la evolución mediante el desapego del mundo material para facilitar la ascensión. No es posible seguir una enseñanza de amor consciente y, al mismo tiempo, practicar el amor como apego a los valores y relaciones terrenales.

Por eso, muchas sectas cristianas antiguas, hoy llamadas gnósticas, creían que el mundo físico estaba controlado por Satán, una prueba material creada para impedir nuestra ascensión espiritual. Desde esta perspectiva, la interpretación cristiana de las escrituras es coherente con las enseñanzas hindúes y budistas, lo que justifica el nombre de Jesucristo como fusión del monoteísmo judío y el hinduismo.

El término «Je-Su» también significa «cerdo» en latín, lo que respalda la noción de una mitología de sacrificio no destinada a salvar a la humanidad, sino a aprisionarla. El Imperio romano logró tres objetivos principales al crear el cristianismo moderno: tendió un puente entre todas las religiones conocidas para unirlas en una única religión mundial, promovió una ideología del amor que haría a la gente obediente a su dominio y pasiva ante el sufrimiento, eliminando la rebelión contra la estructura de poder y utilizó la muerte de Cristo como símbolo de opresión en lugar de liberación, creando así uno de los métodos más eficaces de control mental colectivo, reforzado más tarde por el uso del fuego y los gritos de los inocentes quemados vivos en plazas públicas.

Capítulo 39: El conocimiento en la sociedad

El mayor pecado de los muchos inocentes asesinados por estudiar opiniones contrarias al dogma dominante, llamados «herejes», fue buscar la verdad que podría liberar sus mentes. Fueron castigados físicamente y asesinados por leer libros y practicar creencias inaceptables. Esto justificó más tarde la eliminación de muchas prácticas religiosas en Europa. Estas sentencias tenían más que ver con el miedo a difundir el conocimiento y despertar a las masas que con las prácticas de los condenados.

Por ejemplo, antes de que Giordano Bruno fuera llevado a una plaza pública para ser quemado por la Inquisición, se le clavó un largo pincho de metal en la mejilla izquierda, que le atravesó la lengua y salió por la derecha. Luego le clavaron otro pincho verticalmente en los labios. Juntos formaban una cruz que le impedía hablar. Cuando las llamas estaban a punto de consumir su cuerpo, uno de los sacerdotes se inclinó hacia el fuego con un crucifijo, pero Bruno se limitó a apartar la cabeza, sabiendo que esas instituciones no representaban el verdadero cristianismo, sino una mentira.

La verdadera salvación pasa por una relación directa con Dios en el espíritu humano, porque, como enseñaban los antiguos gnósticos, el cuerpo es nuestra prisión. Nos liberamos de esta prisión cuando morimos, razón por la cual los antiguos gnósticos no temían a la muerte. La acogían como una forma de escapar de este reino. Consideraban que la prisión del cuerpo estaba formada por sufrimientos y emociones que pasaban a formar parte de los recuerdos del espíritu, nuestros registros inmortales.

Cuando renacemos en la Tierra, el entorno estimula de nuevo estos viejos miedos, volviéndonos paranoicos e irracionales. Este control subconsciente es lo que llamamos karma. La única forma de eliminarlo es a través de las tres manifestaciones del conocimiento: el sentido común, el conocimiento moral y el conocimiento del ser y sus representaciones y proyecciones en la mente y la conciencia, también conocido como conocimiento del espíritu.

A medida que una persona toma conciencia del Espíritu y se alinea con él, el alma se expande en la búsqueda del verdadero yo. La verdadera identidad se expande más allá de la personalidad y, finalmente, el ser espiritual es capaz de abandonar el reino demoníaco de vibraciones inferiores llamado Tierra. Este proceso es gradual y, como nuestra existencia es muy corta, una vida no suele ser suficiente para la liberación de muchas almas. Hacen falta varias reencarnaciones antes de que una persona alcance la conciencia de su ser inmortal.

Sin embargo, como no empatizamos con los demás y vemos a toda la raza humana dividida por naciones y culturas, suele ocurrir que nuestro progreso como espíritu se ralentiza precisamente porque podemos reencarnarnos en un contexto que no nos permite evolucionar. Las personas que nacen en la pobreza, con enfermedades incapacitantes o que sufren graves traumas en una edad temprana saben bien lo que esto significa, porque para liberarse de tal estado y evolucionar hacia el prójimo, tienen que soportar tremendos sacrificios, relacionados con apegos emocionales, hambre, sufrimiento físico e incluso moral.

Lo más cruel de todos los males es cuando la gente tiene que cometer un crimen, mentir o esconderse del mundo para sobrevivir o ayudar a otra persona a hacer lo mismo. Aunque nunca se habla de este tipo de sacrificio moral, tiene consecuencias en la psique del individuo. Todas las personas de la Tierra, excepto las que han venido de reinos superiores, han cometido crímenes en algún momento de su camino espiritual y pueden seguir actuando de forma más coherente con esos crímenes no resueltos que con su progreso espiritual. Las personas que temen recordar vidas pasadas o que tienen una reacción violenta e irracional ante el tema de la reencarnación suelen negarse a sí mismas la posibilidad de exponerse públicamente, porque es peor que los demás sepan lo que has hecho a que tú lo recuerdes.

Una vez liberado de la prisión material, el individuo es libre de reencarnarse en los muchos reinos del cielo, una explicación metafórica de las realidades de menor densidad. Yo no diría que estos mundos son aburridos, pero las personas que racionalizan la importancia y la relatividad del mal ciertamente no están lo suficientemente evolucionadas como para comprender la existencia de una realidad donde todo es placentero y donde no hay miedo, deshonestidad, sufrimiento, castigo, crimen o inmoralidad de ningún tipo.

Jesús, como persona real que promovió una filosofía de la verdad, tuvo que ser un gnóstico y un alquimista que enseñó sobre la Ascensión, porque: A través de la tierra y el agua, creas las experiencias de tu vida; a través del fuego y el aire, determinas la naturaleza de esas experiencias; y a través del metal, das forma a tu vida. El significado simbólico del metal, o conocimiento, a menudo está representado por las sociedades secretas con un martillo, porque el metal es acción, es la herramienta con la que das forma a tu destino. Al decir que no había venido a traer la paz, sino la espada (Mateo 10:33), Jesús se refería a la justicia a través de la división entre creyentes e incrédulos.

Capítulo 40: La naturaleza de la existencia

L a gente suele confundir el conocimiento con la acción, la sabiduría o la espiritualidad, pero no son lo mismo.

—El conocimiento es la forma, la estructura de tus creencias.

La acción es el movimiento, es decir, la aplicación del conocimiento.

La sabiduría es comprensión, es decir, reconocer el valor del conocimiento.

La espiritualidad es el propósito: ver tu propósito en la aplicación del conocimiento y la acción.

Las masas tienen dificultades para comprender esta distinción porque carecen de discernimiento, una habilidad que requiere virtud, moralidad y conocimiento. No es posible comprender estos conceptos si estás preocupado por ser aceptado y validado por los demás. Aunque te sientas aceptado y validado dentro de estos ciclos, te atarán y te mantendrán atado al mundo físico, impidiéndote comprender las enseñanzas de Cristo o Buda.

Estoy convencido de que el camino del espíritu es el camino para llegar a ser una persona buena, honesta y agradable. Por desgracia, muchas personas no lo ven porque están obsesionadas con ser mejores que los demás. Por ejemplo, los Testigos de Jehová, al igual que muchos cristianos, creen erróneamente que el mundo sería mejor si todos los demás estuvieran muertos. Del mismo modo, los cienciólogos, así como los rosacruces y muchos masones que he conocido, creen que se unen a estos grupos para obtener poderes especiales. Sin embargo, nunca he conocido a nadie con poderes mágicos que vayan más allá de la capacidad de convertir la arrogancia en creencias delirantes.

Las mejores personas que he conocido entienden que el objetivo de la espiritualidad es simplemente convertirse en una persona mejor. Las personas más evolucionadas que he conocido son sencillas, honestas, realistas y humildes. El mundo suele ignorarlas porque las masas no están lo suficientemente evolucionadas como para ver su valor. En un mundo lleno de arrogancia, grosería, ignorancia, engaño, depresión e ira, donde la gente se esfuerza por obtener ventaja sobre los demás y alberga envidia y resentimiento hacia quienes triunfan gracias al trabajo duro, ser normal, sin envidia, miedo ni depresión, y sin necesidad de competir con los demás, es realmente un poder mágico y un gran secreto para las masas.

Los mundos superior e inferior están representados por símbolos diferentes en muchas culturas porque están conectados. Cuando se trata de la evolución de la humanidad, esta es realmente la única forma de abordarla. El Árbol de Yggdrasil de la mitología vikinga, el Árbol de la Vida y el Árbol del Conocimiento de las escrituras cristianas y la estrella babilónica del dios-demonio Moloch, reinterpretada como símbolo judío, comparten el mismo significado oculto: representan la unión de los símbolos que vienen de arriba con el mundo material que nos rodea y existe dentro de nosotros.

Estos símbolos pueden observarse en forma de imágenes y sueños, a menudo correlacionados con las emociones, la intuición y los pensamientos. Las personas muy evolucionadas espiritualmente y con intuiciones más fuertes suelen tener sueños y visiones mucho más claros, tanto en su estado de sueño como de vigilia. Las manifestaciones de esta conexión comienzan como ideas parpadeantes, luego se desarrollan en patrones de pensamiento completos y finalmente emergen como visiones, recuerdos y bibliotecas enteras de conocimiento. Este conocimiento incluye todo lo que ha leído, aprendido y experimentado a lo largo de muchas vidas.

De forma natural, algunas experiencias tendrán prioridad sobre otras y, a medida que evolucione hacia niveles espirituales más elevados, es posible que desarrolle nuevas pasiones e intereses que le parezcan nostálgicos, ya que pueden estar asociados a una vida anterior que tuvo un mayor significado para usted. Los escritores que no han completado su obra, por ejemplo, pueden recuperar su pasión perdida a través de la autoconciencia en la meditación u otras prácticas espirituales. Lo mismo ocurre con los músicos y los pintores cuyo trabajo se ha interrumpido o que, tras una existencia insatisfactoria como pianistas, sienten la necesidad de retomar esa carrera para publicar su propia música.

Este fenómeno tiene menos que ver con el karma inacabado y más con nuestro progreso espiritual. A menudo sentimos la necesidad de completar ciertos ciclos antes de pasar al siguiente. La razón por la que tendemos a revivir viejos hábitos está relacionada con la búsqueda de sentido a través del yo. Quienes lo hacen suelen convertirse en los artistas y escritores más inspiradores y singulares. Dominar técnicas no convierte a alguien en artista, aunque puede ser necesario. Esto es algo que muchos cienciólogos no comprenden; alaban a los artistas, excepto a los que critican sus prácticas, y luego se autodenominan artistas cuando lo único que hacen es salpicar pintura al azar sobre un lienzo blanco.

La mayoría terminan siendo un completo insulto a sus propios valores religiosos porque no pueden ver las implicaciones de sus prácticas cuando se les enseña incorrectamente. Se obsesionan con ser únicos y mejores que los demás y, en un esfuerzo por protegerse, acaban distorsionando la información. La espiritualidad, sin embargo, no es algo que se pueda seguir ciegamente o en lo que se pueda creer. La espiritualidad, ya sea religiosa o individual, no tiene sentido como dogma.

Capítulo 41: La espiritualidad en la vida

C uando el cuerpo se corrompe con enseñanzas falsas o incompletas, la vibración se ve afectada. La mayoría de los oradores públicos hacen precisamente eso cuando ignoran las leyes universales del espíritu. Desequilibran la mente y el espíritu, provocando que el cuerpo energético se vuelva tóxico y se llene de malas ideas, lo que se asemeja a una práctica demoníaca. La sensación de bienestar que muchos lectores describen cuando leen mis libros proviene de una transmutación de la conciencia que eleva el cuerpo energético a niveles superiores de vibración. Este proceso actúa como una limpieza del cuerpo energético a través del cuerpo espiritual, eliminando pensamientos, creencias y visiones negativas.

Así, quienes asimilan niveles superiores aumentan su capacidad de ver y comprender el mundo. No son solo creyentes, sino videntes. Cuando muchos lectores afirman haber leído mis libros varias veces, es porque se dan cuenta de que estos textos no son solo palabras en una página en blanco, sino una forma de medicina espiritual que mantiene el cuerpo vibrando a niveles elevados. En esencia, una buena y verdadera enseñanza debe contener estos elementos, que son complementarios de los elementos alquímicos. El espíritu o cuerpo energético requiere una combinación bien articulada de los otros cuatro elementos para ascender a un nivel superior:

• Aire: conocimiento de la verdad;

- Agua: equilibrio emocional.

- Tierra: riqueza material manifestada a través de la adquisición de sentido y resultados.

- Fuego: aplicación adecuada de acciones, deseos y motivaciones a los resultados manifestados en el mundo físico.

Se cree que el conocimiento de la alquimia se originó en antiguas civilizaciones que tuvieron contacto directo con extraterrestres, de quienes recibieron este conocimiento, así como otras informaciones relacionadas en el campo de la adivinación, siguiendo los mismos principios. Cuando estas grandes ciudades desaparecieron bajo el mar —en la inmensidad de los océanos Atlántico y Pacífico, entre otros lugares—, lo que quedó de ellas en forma de teorías se transmitió a otras culturas de Asia y Norteamérica.

Los nativos americanos también poseen conocimientos de alquimia que han transmitido a través de sus numerosas leyendas. Estos conocimientos se reinterpretaron y estudiaron en distintas partes del mundo. Por desgracia, debido a la persecución religiosa y a la colonización de muchas tierras por británicos, portugueses, españoles, franceses y holandeses —que provocó el asesinato de muchas personas y la quema de textos religiosos—, casi todo se perdió, incluidas las leyendas y tradiciones transmitidas durante generaciones. Gran parte del mundo árabe también fue destruido por el fanatismo religioso y la colonización de la OTAN, que combinó la crueldad de Estados Unidos y Europa con la hipocresía de sus gentes bajo nuevos propósitos colonizadores.

Cuando nos demos cuenta de que la cultura no es algo que tomamos, robamos, copiamos o asimilamos, sino algo de lo que aprendemos, descubriremos nuevas formas de vivir en mayor armonía. Así es como yo he aprendido de muchas culturas y, por eso, puedo decir que la alquimia forma parte de mi vida, incluida mi forma de cocinar. Además, muchos de los problemas a los que se enfrentan los cuerpos físicos de las personas pueden estar relacionados con este desequilibrio alquímico, que puede corregirse comprendiendo lo siguiente:

- Agua: un vaso de agua con limón (fuego) y la sal de los alimentos;

—Tierra: patatas, zanahorias y otras verduras.

—Aire: anacardos y otras frutas y frutos secos, incluidas las aceitunas y el aceite de oliva.

- Fuego: pimentón, pimienta negra y frutas amargas como el limón.

¿Y dónde encajan la carne y el pescado? Son metales, igual que tu cuerpo. Si tu dieta es desequilibrada y contiene un exceso de metales o productos animales, te resultará difícil concentrarte y absorber nueva información, además de ser más propenso a experimentar emociones y pensamientos negativos, ya que los metales pueden hacer que tu cuerpo sea más ácido. Los metales también pueden contribuir al desarrollo de enfermedades.

Esto no significa que no puedas comer carne, pescado, huevos o productos lácteos, sino que tienes más probabilidades de desarrollar enfermedades mentales y físicas si no sigues estos principios. Muchas personas no gozan de buena salud mental y física y, en consecuencia, pueden no resultar tan atractivas. Sin embargo, los médicos modernos no suelen abordar estas cuestiones porque no saben mucho de nutrición, alquimia o la relación entre los elementos de la naturaleza y el cuerpo humano. Lo atribuyen todo a la biología y a la causalidad, que es una forma limitada y equivocada de ver la vida, aunque ayuda a vender medicamentos.

Cuando las personas se obsesionan con el dinero, los chakras inferiores de sus cuerpos espirituales se ven afectados, se corrompen espiritualmente y pierden el interés por las formas superiores de curación. Esto puede explicar por qué he visto a tantos médicos y enfermeras aconsejar a los pacientes que hagan cosas que en realidad aceleran su muerte. De esta manera, un ser de baja energía, el médico, puede dañar a otro ser de baja energía, el paciente ignorante.

Cuando las personas están cegadas por el mundo de las formas, no ven lo que debería ser significativo para ellas. La indigestión, la ansiedad y la depresión —problemas comunes en la sociedad actual— suelen estar causados por una dieta desequilibrada, a menudo combinada con un exceso de proteínas de origen animal, que pueden acidificar el organismo. Es posible invertir esta situación simplemente añadiendo más verduras, guindillas y limones a la dieta, así como fruta, semillas y frutos secos, para equilibrar los elementos de tierra, fuego y aire.

Capítulo 42: Las relaciones humanas

J esús dijo: «Mi pueblo se muere por ignorancia» (Oseas 4:6). Irónicamente, este dicho cristiano es más aplicable hoy en día a las filosofías satánicas a las que los cristianos dicen oponerse. La Biblia Satánica, escrita por Anton LaVey, identifica la estupidez humana como el peor enemigo del hombre y considera que una consecuencia de esta estupidez es la temida «mentalidad de rebaño». Así que la individualidad no es algo malo; lo que es esencial es la capacidad de pensar por uno mismo para alcanzar reinos más elevados. Mientras tanto, veo mucho odio en el mundo, que surge del sufrimiento sistemático y del miedo constante, ambos derivados de la ignorancia. La ignorancia suele ser el resultado de la pereza, que a su vez se alimenta de la obsesión por el placer.

Para observar estas características y no verse afectado por ellas, es necesario incorporar lo que las sociedades secretas llaman «el ojo de la tormenta». Puedes elegir ser un observador, no afectado por la mecánica del mundo. Es difícil, pero posible. Recuerda que las personas van y vienen, pero el sol, el mar y las montañas siempre permanecerán. En la vida, nunca preguntes qué pueden hacer los demás por ti; pregunta qué puedes hacer tú por ti mismo. No des por sentado que los demás pueden ayudarte a mejorar; busca formas de mejorar tú mismo, manteniéndote fiel a tu naturaleza espiritual. Pide permiso antes de recibirlo y sonríe incluso cuando calumnien tu nombre.

Reaccionar ante el mundo es parecerse a él y caer en sus trampas y dramas emocionales. Esperar que el mundo te respete es olvidar tu camino espiritual y ofrecer a los demás lo que quieren, que siempre es inferior a lo que puedes hacer por ti mismo. Nunca esperes que alguien te muestre un resultado mejor para tu futuro, ya que esto rara vez sucederá. En el mejor de los casos, querrán para ti lo que no pueden conseguir para sí mismos. Por todas estas razones, es una tontería esperar que los demás acepten nuestros pensamientos u opiniones. No debemos hablar para obtener aprobación, sino solo cuando y si es necesario. Una palabra no dicha es mejor que una palabra desperdiciada.

Nunca juzgues lo que la gente dice como correcto o incorrecto; lo que dicen solo tiene significado según sus intenciones hacia ti. Debes juzgar a los demás por cómo te juzgan a ti, no por lo que dicen. Si esperas a que los demás te corrijan, nunca desarrollarás la capacidad de reconocer y corregir tus propios errores, que es la facultad más elevada del intelecto: el autojuicio a través del análisis metacognitivo.

Si a los demás les gustas, te quieren, te adoran, te admiran y quieren estar contigo, es maravilloso. Sin embargo, si te odian, desprecian, ridiculizan, faltan al respeto y te evitan, eso no debería afectar a tus intenciones ni a tus esfuerzos por mejorar en la vida. En esta visión ética de la acción, ser percibido como muy bello o muy feo tiene exactamente el mismo significado: uno añade valor, mientras que el otro no debe restarlo. Es más ventajoso ser honesto contigo mismo y con tu naturaleza que evitarlo, porque esta actitud nunca requiere que disminuyas tu autoestima, tu autovaloración o tu potencial para soñar. De hecho, cuanto más sientas que te falta, más importantes deben ser tus sueños. Es natural que los que más sufren tengan las mayores ambiciones, aunque sería mejor que estuvieran alimentadas por el amor, para que su arte pudiera manifestarse en una sociedad más amorosa.

Hasta que no sientas dolores de cabeza, depresión o dolor en tu cuerpo energético y físico, no puedes asumir que has trabajado lo suficiente. Un cuerpo fuerte requiere mucha disciplina y sufrimiento, al igual que la mente y el alma. Nos forjamos como el metal bajo el fuego más caliente. Sin embargo, a medida que mejoras como ser humano, tu sentido de la justicia se agudiza. Puede que te sientas obligado a hablar, juzgar y corregir a los demás en asuntos como la religión, la política e incluso el sexo, pero es mejor centrarse en la moral, los valores sociales y el amor.

A medida que evoluciones en mente, cuerpo y espíritu, también te darás cuenta de que las masas no distinguen entre creencia y verdad. Creen que todo es lo mismo y acaban racionalizando un mundo que en realidad no comprenden. Por eso asusta a tanta gente la posibilidad de creer en otros mundos, como la existencia de extraterrestres. Las masas se resisten a considerar otras realidades o creencias porque les exige replantearse las suyas propias. Sin embargo, la ignorancia no es un estado permanente.

Los ignorantes siempre se dirigen hacia su autodestrucción debido a su falta de discernimiento.

Capítulo 43:
El viaje del autodescubrimiento

L os ignorantes no se dan cuenta de que creer no es sinónimo de verdad y que creer en algo no lo convierte en verdadero. Aunque este concepto parece sencillo, la mayoría de las personas aún no ha alcanzado esta comprensión básica, que es esencial si queremos identificarnos como seres inteligentes y, por tanto, considerarnos humanos. Solo entonces podremos percibir nuevas dimensiones de la realidad que vayan más allá de las limitaciones del mundo tridimensional.

Siempre que alguien de un reino inferior reinterpreta una verdad de un reino superior, adapta la información a su nivel de percepción. Lo vemos en la constante materialización de símbolos que nunca fueron concebidos para ser interpretados en su forma física. Cuando alguien dice estas verdades ocultas, las masas las reinterpretan, reduciendo la complejidad de los pensamientos a un nivel más fácilmente asimilable. Cuando se llega a ese punto, la información permanece estancada en una reinterpretación cíclica al mismo nivel.

Por eso no importa cuántos grupos cristianos se formen en torno a las mismas creencias y el mismo libro: siempre estarán equivocados. Ser diferente no significa tener razón, sino estar equivocado de otra manera. Podemos comprobarlo nosotros mismos: cuanto más entendemos, más significados diferentes vemos en los mismos textos. Sin embargo, solo podemos percibir capas de conocimiento en los libros si contienen verdades profundas.

Lo contrario ocurre con la información falsa. Cuando despertamos a niveles superiores de percepción, podemos distinguir fácilmente la verdad del engaño. Te darás cuenta de que puedes ver más que los demás, incluso cuando les reveles los significados de estas realidades superiores, que ellos pueden rechazar o temer discutir. La mayoría de las personas en la Tierra están atrapadas espiritualmente en un mundo de baja densidad y son incapaces de comprender estas verdades superiores, que están llenas de complejidades que van más allá de su limitada comprensión. Ven muy poco en comparación con lo que se transmite desde los reinos superiores y, como resultado, aquellos que están más preparados, tanto mental como física y espiritualmente, reciben estas enseñanzas.

Esto conduce a una clara pero inevitable división entre los que saben y los que no saben. Estos últimos permanecen inmersos en el mundo de las formas, mientras que los primeros evolucionan hacia un nuevo estado mental lleno de ideas, creatividad, visiones y percepciones. Así, aunque la Verdad es única y se ha representado simbólicamente de la misma forma durante miles de años en diferentes culturas, su interpretación se ha ido adaptando al estado evolutivo de la civilización en el planeta, siempre a través de los elegidos.

Estos elegidos, o pueblo de Dios, no se encuentran en las falsas religiones, pero todas las religiones son falsas en última instancia. Estos individuos se han purificado a través del sufrimiento y se han elevado magnéticamente mediante la oración y la acción ética. Reciben según lo que piden y comprenden. Quienes quieren más de la vida deben estar dispuestos a comprender más. Esta comprensión no proviene directamente de los libros, sino de la fe y el discernimiento, que se cultivan mediante el estudio de la mente y el mundo físico. Aunque estos estudios se encuentran más fácilmente en los libros, pueden adquirirse de muchas otras formas a medida que se desarrolla la tecnología.

Por otro lado, si las personas son muy ignorantes, incluso en el nivel más básico de comprensión, reaccionarán con ira cuando se les enseñe o muestre algo, como un animal salvaje. Por ejemplo, una vez conocí a una mujer en una cafetería croata que me miraba enfadada cada vez que entraba. El motivo era que una vez se había olvidado de darme el cambio de mi compra y, cuando se lo pedí, admitió su error y se disculpó. Entonces, ¿por qué se comportaba como si yo le causara problemas? Yo no la he insultado ni he dicho o hecho nada malo, pero dudo que ella entienda el motivo de su reacción. Se ha dejado guiar por sus emociones, que le dicen que corregir su comportamiento está mal. En consecuencia, su mente la convence de que, si comete un error, la culpa será de otra persona, no suya. Esto ilustra lo poderoso que puede ser el ego cuando alguien es ignorante. Así es como reacciona ante la realidad la mente de un individuo muy ignorante, irresponsable e inconsciente, bajo la influencia de un determinado mecanismo y no de la razón.

Podríamos suponer que alguien que lee libros, especialmente los míos, sería diferente, pero, según mis observaciones, no siempre es así. Muchas personas buscan la verdad, pero actúan como si no fuera importante porque se ven a sí mismas como nada. Es como intentar encontrar la luz adentrándose cada vez más en una cueva. La mayoría de la gente simplemente no está dispuesta a hacer el esfuerzo de cambiar, porque su estado mental les impide evolucionar.

Capítulo 44:
Conocimiento y
transformación

Una vez, la dependienta de un supermercado de Zagreb (Croacia) insistió en que tenía un problema con mi tarjeta de crédito, porque probablemente era demasiado racista para admitir que el problema estaba en el procesamiento del pago. Insistí en que no sabía cómo procesar el pago correctamente, y tenía razón. Cuando se dio cuenta de su error, la máquina funcionó bien y procesó mi pago. Estaba tan obsesionada con la idea de su superioridad que no corrigió su comportamiento. Tuve que enfadarme e insistir en que admitiera su error. En este caso, nunca me pidió disculpas. En cambio, cada vez que entraba en el mismo supermercado después de aquel día, me miraba con odio, como si yo estuviera allí para causarle problemas. Cuando me acercaba a la caja, sus músculos se tensaban y ni siquiera me miraba a los ojos.

Este es el mundo en el que vivimos, así que ¿cómo puede alguien enseñar algo de naturaleza superior en este contexto? ¿Se solucionará el problema enfadándose? No. ¿Cambiará algo explicar las cosas a los ignorantes? De nuevo, ¡no! Entonces, ¿por qué deberíamos siquiera pensar en intentar «salvarlos»?

La ironía aquí es que aquellos que son demasiado ignorantes para saber que necesitan ser «salvados» también rechazarán cualquier oportunidad de salvación. No verán ni considerarán la posibilidad; su naturaleza no les permite ver seres superiores. De hecho, he observado que las personas de naturaleza muy baja solo responden a sonidos y gestos de su mismo nivel, es decir, a una voz alta y a una fuerza física bruta. También es más probable que muestren respeto por alguien que puede dominarles físicamente que por alguien que evita entrar en conflicto con ellos. Por el contrario, si se encuentran con una persona muy pacífica, tenderán a mostrar más arrogancia.

Por culpa de estos individuos, muchos inocentes pagan con su vida. Las guerras siempre surgen cuando hay demasiada ignorancia y se es incapaz de resolver los conflictos con la razón o de admitir los propios errores. La culpa y la vergüenza suelen ser las principales influencias detrás de los conflictos, ya que estas dos emociones representan vibraciones muy bajas. Por lo tanto, creo que es necesario eliminar a mucha gente ignorante antes de que podamos considerar la posibilidad de un nuevo orden mundial con una práctica espiritual más iluminada.

Si estos libros se convierten en el evangelio de una nueva religión, solo será porque mis seguidores se hayan dado cuenta de que hablo de forma diferente a los demás y de que no soy un hipócrita como otros en el mismo campo. Mi integridad, mis valores morales y mi nivel de conocimientos son incompatibles con este tipo de comportamiento. Lejos de promover una ideología de victimismo, ignorancia y pasividad, les diría que se hicieran ricos, que aprendieran a luchar y a defenderse, que sacaran varios pasaportes si pueden, que compraran un barquito que les permitiera cruzar el Atlántico en cualquier momento e irse a vivir a una isla con sus seres queridos. También les diría que aprendieran técnicas básicas de supervivencia, como la pesca, y que llevaran una vida lo más sencilla posible, con alimentos sanos. Les diría que hicieran de la comida un arte placentero, pero lleno de lo que el cuerpo necesita. Sobre todo, les sugeriría que formaran una comunidad y compartieran los libros, lo que saben y que disfrutaran de la vida, incluso cuando el resto del mundo se desmorona, porque con fe, siempre estarán protegidos, pase lo que pase.

Cuando vivía en Zagreb, un dron que llevaba una bomba cayó a pocos metros de mi piso, pero no explotó. Si eso hubiera ocurrido, este libro no existiría. Sin embargo, cuando llegue el momento de mudarse, lo oirás en tu interior o lo verás en tus sueños. Pero para quienes han aprendido a aceptar el mundo tal como es, esta densidad tan baja siempre les parecerá perfectamente normal y aceptable. Se negarán a sí mismos la verdad, diciendo que conocer la verdad es «asimilación negativa» y que les hace negativos. Nunca considerarán la posibilidad de que su propia ignorancia es lo que les hace negativos, de que negar la realidad tal y como es les hace negativos o de que la negatividad no es una opinión, sino una vibración que viene de su cuerpo y que no pueden fingir. ¿Cómo puedes ver más si niegas lo que ves?

¿Cómo puedes ver más si niegas lo que ves? Es ridículo pensar así y la gente que piensa así es ridícula. Las personas ridículas llegan a conclusiones ridículas basadas en racionalizaciones ridículas, porque ser ridículo es una falta de capacidad y de voluntad para pensar con eficacia. Estas actitudes se basan en creencias de un mundo de baja densidad. Estas características no se manifestarían en reinos superiores.

Cuando se trata de evolución espiritual, no basta con comer más verduras y cantar mantras. De hecho, la mayor parte de lo que crees se convierte en una mentira evidente cuando te encuentras con otros mundos mucho más evolucionados. Por ejemplo, puedes imaginarte corriendo con pesas en las piernas. Puedes decir que eso te fortalece las piernas, pero no que te hace más rápido, no mientras llevas las pesas. Del mismo modo, si una persona que ha crecido en medio de la violencia conoce a una persona amable, no sabrá cómo comportarse, porque en su realidad la gente miente, engaña y se aprovecha de los demás. No saben cómo reaccionar ante la amabilidad. La amabilidad les asusta más que los elementos a los que están acostumbrados.

Capítulo 45: La naturaleza de la realidad

C uando la realidad no cumple las expectativas de la gente, por
 muy positivas que sean, generalmente la rechazan. Muchas
personas están tan acostumbradas al dolor que, cuando por fin
alcanzan la felicidad por la que tanto han trabajado, la destruyen
sin darse cuenta. Este autosabotaje se manifiesta de varias maneras:
pueden volverse más arrogantes y crueles, insultar a quienes se
encuentran en un estado mental superior o cometer errores que
parecen fruto de la mala suerte, pero que en realidad tienen su
origen en su tendencia a volver a un estado mental conocido.

Si una persona se da cuenta de que la amabilidad es una forma
más insidiosa de manipulación, se resistirá aún más a ella. Esto
es especialmente cierto en el caso de quienes han vivido en la
pobreza la mayor parte de su vida. Al no tener experiencia de la
riqueza, suelen malgastar el dinero o depositarlo en bancos que lo
confiscan cuando mueren. Normalmente, las personas que saben
poco sobre riqueza tienden a creer que quienes tienen más dinero
lo adquirieron por medios deshonestos. Esta mentalidad fomenta

sentimientos de inadecuación e ignorancia, lo que les lleva a creer que tienen que esforzarse más, que son imperfectos y que sus creencias son erróneas.

Una persona puede vivir toda la vida aferrada a estas creencias, pero encontrará poca realización, incluso en la literatura, si no está dispuesta a cambiar. Es posible leer la verdad sin verla realmente. Por eso, las religiones más populares suelen consistir en cantar canciones y recitar textos incomprensibles, a la espera de que otra persona interprete su significado. Cuando la mente de una persona está atrapada en un mundo de densidad más densa, como es el caso de la Tierra, los conceptos de reinos superiores pueden parecer poco realistas.

Durante mi época como educadora y especialista en problemas de aprendizaje, no era conocida por mi tasa de éxito de casi el 100 %, sino por mi uso de pequeñas piedras. Muchos sentían curiosidad por el origen de estas piedras y sospechaban que era deshonesta, por lo que a menudo interrumpían mis sesiones con los niños para observarme. Sin embargo, nunca me vieron interactuar con los niños, sino que se centraban en las piedras y me preguntaban por qué las movía en distintas direcciones o por qué elegía piedras negras en lugar de blancas. Les expliqué que no tenía ningún criterio específico para elegirlas, pero seguían convencidos de que ocultaba algo. Luego me preguntaron dónde había aprendido a utilizar las piedras y si existía alguna religión que enseñara esa «magia».

Esta curiosidad la mostraban sobre todo los adultos, la mayoría de los cuales eran profesores. En cambio, los niños simplemente aprendían, destacaban académicamente, expresaban gratitud y ayudaban a sus compañeros con lo que habían aprendido de mí. Con el tiempo, yo caería en el olvido, pero el método, la ayuda prestada y los resultados perdurarían, a menos que estos niños, ahora adultos, decidieran buscar las piedras mágicas perdidas. Esto recuerda a las palabras de Jesús: «Si no cambiáis y os hacéis como niños, no entraréis en el Reino de los Cielos» (Mateo 18:3). «Como niños» significa ser prácticos, lúcidos, imparciales y agradecidos.

Este ejemplo ilustra un tema recurrente en mi vida que sigo experimentando como escritor. En lugar de absorber lo que aprenden de mí, muchos lectores me comparan con gurús fraudulentos, me juzgan por mi aspecto o mi pasado y se obsesionan con demostrar que he robado la información, me la he imaginado o he tenido acceso a algún registro místico. Nunca encontré este escepticismo entre los niños. Simplemente hacían preguntas, aplicaban las respuestas y disfrutaban de los resultados. Los adultos, en cambio, suelen ser ciegos a los aspectos de sí mismos con los que se identifican y que han integrado en su personalidad, así como a las personas que influyen significativamente en sus resultados. Muchas personas pasan toda su vida en este estado de oscuridad.

El psiquiatra Carl Gustav Jung articuló bien este fenómeno cuando lo describió como «un inconsciente que se ha convertido en realidad», un estado del que «uno no puede crecer realmente sin enfrentarse a su propia ignorancia». Pero, ¿cómo percibirías la vida y a ti mismo si te enfrentaras a la oscuridad de tu propia mente? Este proceso requiere fe, esperanza y una nueva comprensión de los símbolos que te guían.

Capítulo 46: La oración

A l final de este libro, te propongo la siguiente oración:

Creador que todo lo ves y todo lo sabes,

Estás presente en cada manifestación.

Está presente con un propósito sagrado,

Un propósito que va más allá de mi comprensión.

Que su sabiduría me alcance,

Y que su voluntad se haga a través de mí.

Que la luz del Creador me llene de ambición, vitalidad y salud,

Para que pueda vivir de acuerdo con las manifestaciones divinas.

Que mi propósito en la Tierra se cumpla según el plan divino.

Alineando mis pensamientos con los Tuyos.

Dame las respuestas a mis oraciones hoy y siempre.

Mientras busco encontrar tus palabras en mi interior.

Perdóname por mis errores.

Mientras me libero de la culpa y el miedo.

No me lleves a la ira o al sufrimiento,

Pero líbrame de pensamientos ilusorios y de falta de discernimiento.

Que no me deje llevar por emociones engañosas,

Que no me deje llevar por tentaciones irrelevantes.

Y que se haga tu voluntad.

Agradezco las bendiciones que recibo.

¡Voy en camino hacia el amor propio necesario para reconocerlas!

Que la gloria y la esperanza de un futuro mejor llenen mi corazón.

¡Te doy las gracias!

Glosario de términos

A lineación: proceso de transformación de la mecánica de la vida en el que la conciencia, el ego y el yo superior alcanzan la armonía y el equilibrio.

Alma: el aspecto consciente de un individuo que conecta el espíritu con el mundo físico. Sirve de asiento a la conciencia, las emociones y la interpretación.

Karma: principio de causa y efecto según el cual las acciones y elecciones de una persona en vidas pasadas influyen en las experiencias y circunstancias actuales.

Conciencia: estado de conciencia del entorno, los pensamientos y las experiencias internas. Es la base de la identidad y la evolución espiritual.

Ego: el sentido del yo, normalmente caracterizado por el apego a los propios pensamientos, creencias e identidad. El ego puede facilitar u obstaculizar el crecimiento espiritual.

Espíritu: esencia eterna y no física de un individuo que trasciende el cuerpo y la personalidad. Es la fuente de la verdadera identidad y potencial de una persona.

Yo Superior: aspecto espiritual y eterno de un individuo que trasciende el ego y la personalidad. Representa la fuente del verdadero propósito y potencial de una persona.

Kundalini: energía espiritual latente en el cuerpo humano, que suele representarse como una serpiente enroscada. Su despertar y ascensión se asocian a la iluminación espiritual.

Mente: Facultad que genera pensamientos, creencias y percepciones. La mente es distinta del alma y del espíritu, pero está relacionada con ambos.

Reencarnación: creencia de que el alma o la conciencia renace en un nuevo cuerpo físico tras la muerte, lo que permite continuar el crecimiento y la evolución espirituales.

Transmutación: proceso de transformación de la conciencia, la energía y el estado físico de una persona mediante prácticas espirituales y principios alquímicos.

Solicitud de Reseña de Libro

E stimado lector,

Gracias por comprar este libro. Me encantaría tener noticias suyas. Escribir una reseña de un libro nos ayuda a entender a nuestros lectores y también influye en las decisiones de compra de otros lectores. Su opinión es importante. Por favor, escriba una reseña del libro. Agradecemos su amabilidad.

Sobre el autor

D an Desmarques es un autor de renombre con una notable trayectoria en el mundo literario. Con una impresionante cartera de 28 bestsellers en Amazon, entre ellos ocho números 1, Dan es una figura respetada en el sector. Gracias a su formación como profesor universitario de escritura académica y creativa, así como a su experiencia como consultor empresarial experimentado, Dan aporta una combinación única de conocimientos a su trabajo. Sus profundas ideas y su contenido transformador atraen a un amplio público y abarcan temas tan diversos como el crecimiento personal, el éxito, la espiritualidad y el sentido profundo de la vida. A través de sus escritos, Dan anima a los lectores a liberarse de sus limitaciones, dar rienda suelta a su potencial interior y embarcarse en un viaje de autodescubrimiento y transformación. En un mercado tan competitivo como el de la autoayuda, el excepcional talento de Dan y sus inspiradoras historias lo convierten en un autor sobresaliente, que motiva a los lectores a interesarse por sus libros y emprender un camino de crecimiento personal e iluminación.

También escrito por el autor

Acerca del editor

E ste libro fue publicado por 22 Lions Publishing.

www.22Lions.com

9 798348 131112